跨境电商
运营实战攻略

李 毅/著

吉林大学出版社
·长春·

图书在版编目（CIP）数据

跨境电商运营实战攻略 / 李毅著 . — 长春：吉林大学出版社，2021.10

ISBN 978-7-5692-9162-9

Ⅰ . ①跨… Ⅱ . ①李… Ⅲ . ①电子商务—运营管理 Ⅳ . ① F713.365.1

中国版本图书馆 CIP 数据核字（2021）第 212016 号

书　　名	跨境电商运营实战攻略 KUAJING DIANSHANG YUNYING SHIZHAN GONGLÜE
作　　者	李　毅 著
策划编辑	代红梅
责任编辑	杨　平
责任校对	柳　燕
装帧设计	马静静
出版发行	吉林大学出版社
社　　址	长春市人民大街 4059 号
邮政编码	130021
发行电话	0431-89580028/29/21
网　　址	http://www.jlup.com.cn
电子邮箱	jldxcbs@sina.com
印　　刷	三河市德贤弘印务有限公司
开　　本	787mm×1092mm　1/16
印　　张	16.5
字　　数	200 千字
版　　次	2022 年 3 月　第 1 版
印　　次	2022 年 3 月　第 1 次
书　　号	ISBN 978-7-5692-9162-9
定　　价	56.00 元

版权所有　翻印必究

前　言

互联网时代，电子商务风靡全球，跨境电商以其全球范围内供货、商品种类丰富、交易快捷方便等特点而备受关注。跨境电商打破了国家间的贸易界限，发展演变迅速，正在改变着越来越多的人的购物方式，也影响着国际贸易的变化。

跨境电商入门简单，且正处于快速发展的上升期，这让很多个人和企业都有机会在电子商务领域大展拳脚。

本书分为上下两篇，从运营到实战，带你走进跨境电商的世界，给你系统全面的跨境电商一站式指导。

运营智慧篇，带你玩转跨境电商。了解电商的发展历程与发展趋势，认识B2B、B2C、C2C三大运营模式，巧用工具、防范风险，教你智慧入局；优选入驻平台，带你勇敢踏出跨境电商运营的第一步；想要吸引用户、广泛引流，这里为你提供丰富的店铺装修技巧；匠心独运，巧做推广、打造爆款、不留库存，让你的产品在万千商品中脱颖而出；关注数据运营，建立用户画像、进行价值分析，教你如何从数据中汲取财富。

　　商场实战篇，带你进行跨境电商实战演练。了解阿里巴巴国际站、速卖通（AliExpress）、京东国际、考拉海购等国内优秀跨境电商平台；试水亚马逊、Joom、Wish、eBay等平台，搏击跨境电商红海；进驻Lazada（来赞达）、Shopee（虾皮）等平台，聚焦东南亚，开拓跨境电商新蓝海。

　　全书结构完整、逻辑清晰，深入浅出地为你解密跨境电商的运营与实操全流程，并特别设置"指点迷津""运营案例"两个板块，生动展现跨境电商的运营理论与智慧。

　　电商无国界，跟随本书，智慧运营，搏击跨境电商商海，一路乘风破浪！

作者
2021 年 7 月

目　录

运营智慧

第1章　电商新势力：放眼全球的跨境电商

1.1　认识跨境电商　/005

1.2　图解跨境电商发展全过程　/011

1.3　了解跨境电商运营模式：B2B、B2C、C2C　/023

1.4　实用场景模拟、翻译小工具，高效助力跨境交易　/031

1.5　跨境贸易风险早知道　/035

第 2 章 平台入驻，踏出跨境电商第一步

2.1 选择哪一个平台 / 041

2.2 不同平台的特点与要求 / 045

2.3 平台入驻全流程 / 065

第 3 章 店铺装修，吸引用户更要广泛引流

3.1 店铺设计应该关注的那些点 / 071

3.2 精美图文，吸引顾客有诀窍 / 077

3.3 发布你的第一个产品 / 083

3.4 重视引流但不限于引流 / 089

第 4 章 独运匠心，让产品在千万商品中脱颖而出

4.1 选品：了解市场、冲击市场，用产品说话 / 097

4.2 推广与优化：聪明的电商这样做 / 103

4.3 订单处理：不忽视每一个细节 / 111

4.4 关注物流，优化购物体验 / 117

4.5 巧清库存，盘活资金链 / 123

4.6 售后与申诉 / 127

第 5 章　数据运营，探秘跨境电商的数字秘密

5.1　大数据时代，数据就是财富　/ 133

5.2　几个重要的店铺数据分析维度　/ 139

5.3　用户画像与价值分析　/ 145

5.4　后台管理　/ 151

商场实战

第 6 章　国内优秀跨境电商平台运营

6.1　阿里巴巴国际站　/ 161

6.2　速卖通　/ 167

6.3　京东国际　/ 175

6.4　考拉海购　/ 181

第 7 章　试水欧美：跨境电商红海搏击

7.1　Amazon　/ 189

7.2　Joom　/ 199

7.3　Wish　/ 205

7.4　eBay　/ 213

第 8 章　聚焦东南亚，开拓跨境电商新蓝海

8.1　Lazada　/ 223

8.2　Shopee　/ 239

参考文献　/ 252

运营智慧

电商盈利靠运营

成功运营靠智慧

第1章

电商新势力：放眼全球的跨境电商

近些年，在电商行业悄然诞生了一股新势力，那就是跨境电商。

随着国内电商竞争的炽热化，国内电商盈利逐渐困难，而且形成饱和状态，因此很多卖家开始转型，涉足跨境电商，使跨境电商迎来了发展的春天。我们比较熟知的阿里巴巴国际站、京东全球购、亚马逊等都是做得比较成功的跨境电商平台。

可能很多人会认为跨境电商很难做，其实不然，只要掌握了跨境电商的运营模式，你也可以做跨境电商。下面就让我们放眼全球的跨境电商，来认识这股电商新势力。

1.1 认识跨境电商

1.1.1 什么是跨境电商

要想做跨境电商，首先要知道什么是跨境电商。

跨境电子商务（Cross-border E-commerce），简称"跨境电商"，根据其名称就可以理解，它是一种国际商业活动，需要借助互联网来达成交易。

跨境电商萌生于20世纪末、21世纪初，之后不断发展，到今天，其含义不断扩大。具体来讲，跨境电商是指分属不同关境的贸易主体之间通过互联网平台进行交易结算，并通过跨境电商物流配送商品，最终完成交易的活动。这里所说的跨境电商类似于跨境零售，针对的是终端消费者或者小额批发商。

从更广义的角度来说，跨境电商涉及进口与出口两种类型的贸易，类似于外贸电商，针对的对象和涉及的范围更加广泛。

跨境电商有着自身的特点（如图1-1所示），了解跨境电商的特点，也能对其有直观的认识。

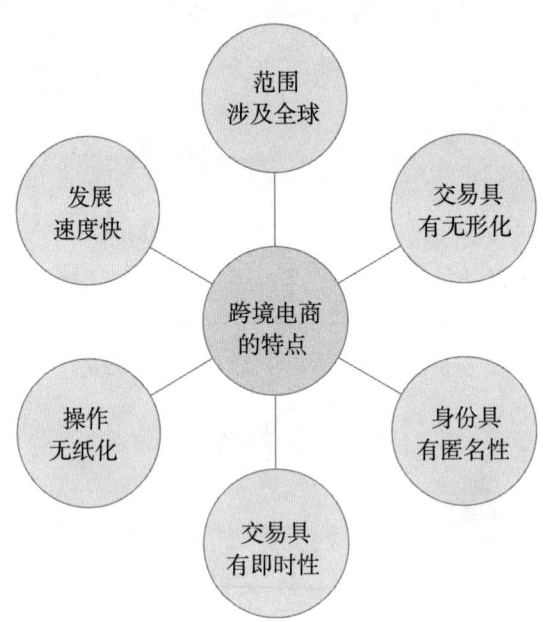

图 1-1 跨境电商的特点

1.1.2 跨境电商很难做吗

有人说跨境电商很难做，的确，现在越来越多的商家开始转战跨境电商，竞争越来越激烈，很难从中获利。而对于那些不了解跨境电商、不懂运营还不愿意学习的人来说更是困难。

也有人说跨境电商没有那么难做，因为尽管目前竞争异常激烈，但市场远没有达到饱和的程度，而且随着市场越来越规范，从中盈利也并非难事。而对于那些了解跨境电商、懂运营而且好学的人来说就更加容易了。

做跨境电商，运营是关键，但前提是要对跨境电商的流程有一个总体的认识，知道跨境电商是怎么一回事，这样才能做好跨境电商，才能更好地运营并从中盈利。下面以出口为例来解释一下跨境电商的流程（如图 1-2 所示）。

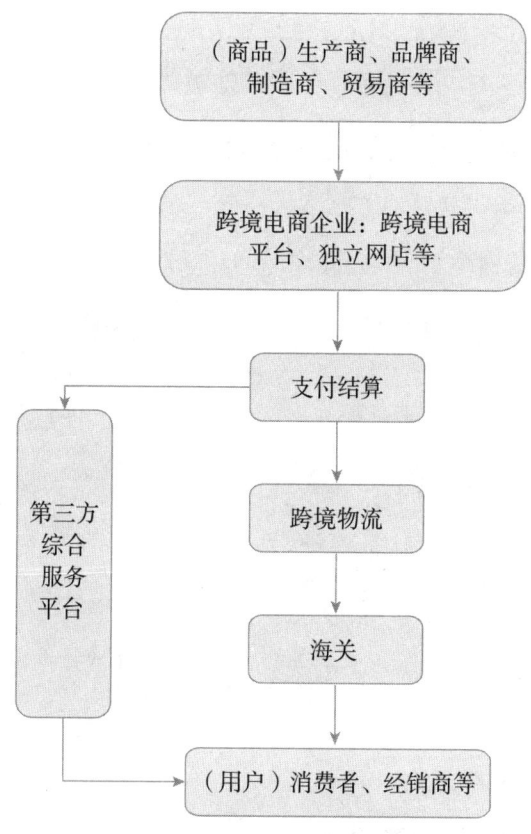

图 1-2　跨境电商的流程

由上图可以看出，跨境电商的流程非常复杂，包含国际支付、国际运输、通过海关等多个环节。了解了跨境电商的流程基本上也就能对跨境电商有总体的认识了，运营起来才会更加得心应手。

 **指|点|迷|津**

跨境电商与传统外贸的区别

很明显，跨境电商与传统外贸是有区别的，那么你知道它们的区别在哪里吗？两者的区别有很多，而且也很复杂，不过根据下面的示意图（如图1-3所示），相信你能对它们之间的区别一目了然。

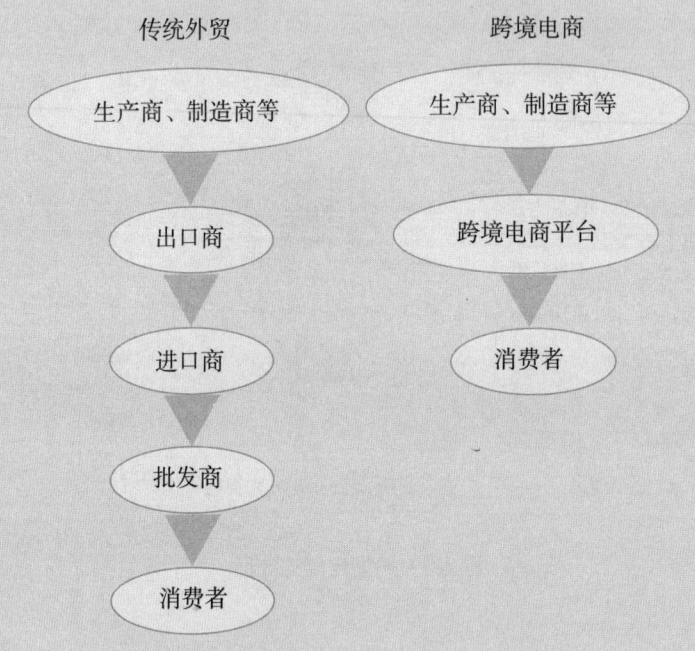

图1-3 跨境电商与传统外贸的区别示意图

由上图可以看出，传统贸易的链条较长，而跨境电商大大缩减了贸易的环节。缩短了贸易环节的跨境电商更具竞争力，也有更多获利的机会。

1.1.3 跨境电商，未来可期

文化的全球化发展缩短了不同国家和民族之间文化交流的距离，使得各国之间的交流越来越频繁，而经济的全球化发展则缩短了不同国家之间贸易的距离，使得各国之间的贸易往来越来越频繁。

跨境电商已然成为时代的主题，也是电商行业未来发展的趋势，人们只要待在家里，就可以轻松操作，从全球各地购买优质产品。

随着我国改革开放的大门越开越大，相关有利的政策也不断出台，为我国跨境电商的发展提供了便利，并起到保驾护航的作用，正因为如此，我国跨境电商行业正朝着未来的方向快速发展。

就我国的跨境电商发展而言，其呈现出以下几个发展趋势（如图1-4所示）。

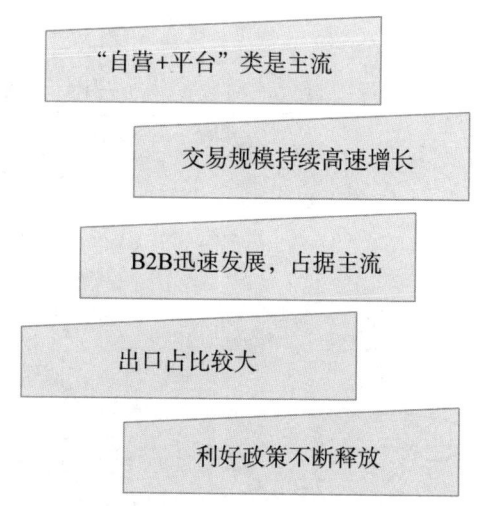

图1-4 我国跨境电商的发展趋势

可以看出，我国跨境电商正在健康发展着，而且势头迅猛，未来可期。

1.2 图解跨境电商发展全过程

截至目前，我国跨境电商历经了二十多年的发展与变革，进出口结构持续优化，规模正快速发展，已由信息服务向资源整合转变，从外贸新业态向新常态演变，成为我国外贸行业发展的最大亮点。

就其发展模式来说，我国跨境电商大致经历了行业试水期、快速成长期、稳健发展期三大转型风口期，逐步实现了从"野蛮生长"向"精耕细作"趋势的演变。

1.2.1 行业试水期（1999—2002年）：我国外贸电商浮出水面

自从1999年阿里巴巴国际站创立以来，电子商务这一新兴交易理念及工具正潜移默化地影响着我国传统外贸服务行业（如图1-5所示）。

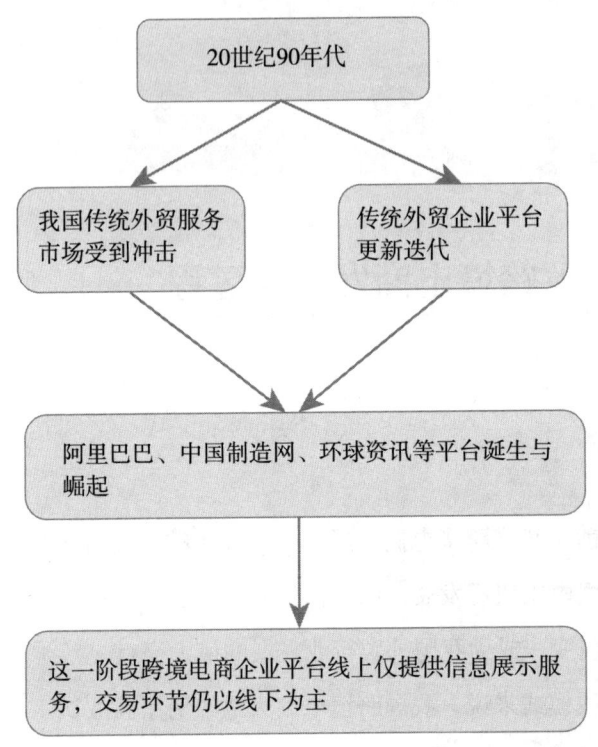

图 1-5　20 世纪 90 年代至 21 世纪初期我国跨境电商发展过程

1.2.1.1　我国跨境电商平台雏形——阿里巴巴创建的"中国黄页"

1999 年，阿里巴巴集团在商贸部创建的自建站——"中国黄页"平台逐步试水线上交易，这成了我国企业跨境电商平台的雏形，也开启了我国跨境电商时代的序幕。

"中国黄页"平台的运作模式主要是通过互联网连接我国国内供应商与国外买家关于产品的供需需求，在平台上展示可供给的外贸产品信息，并撮合买卖双方进行交易的外贸服务模式（如图 1-6 所示）。

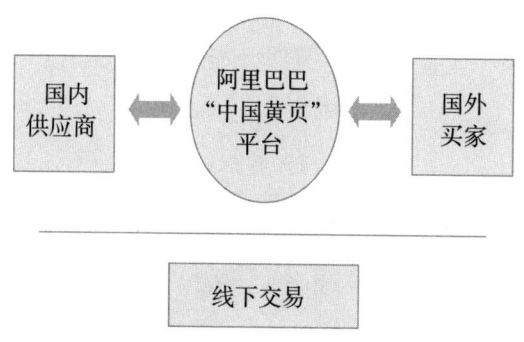

图1-6 阿里巴巴集团旗下"中国黄页"平台交易模式

但是,通过"中国黄页"平台进行的交易还是在线下,这主要是因为20世纪90年代,我国计算机应用与普及还不够先进,上网的企业和家庭少之又少,跨境电商平台更多的仍是依附于传统的外贸服务模式,而"中国黄页"平台仅为跨境电商企业的初步探索。

1.2.1.2 跨境电商初创期——各大电商巨头在摸索中艰难前行

1999—2002年是我国跨境电商的萌芽期,很多电商企业是在摸索中艰难前行的(如图1-7所示)。

随着互联网的加速发展,一些公司看到了更多商机,瞄准了跨境电商行业,也做出了很多新的尝试。比如,中国制造网以及环球资讯等创立了国际网络信息服务交易平台,但都没有形成规模,甚至有一些企业在2000—2001年互联网泡沫席卷中国期间不堪重负,宣告破产倒闭。

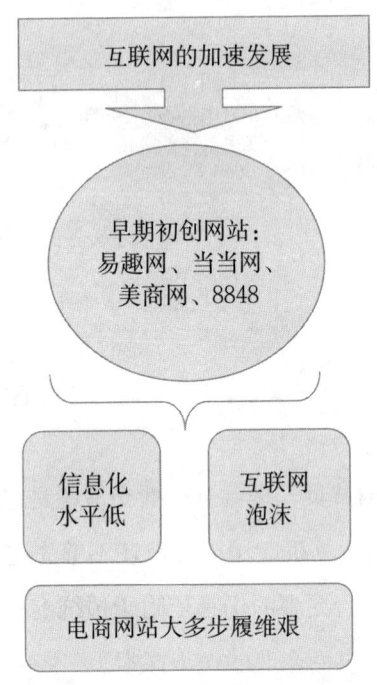

图1-7 初创期我国电商网站在摸索中艰难前行

指|点|迷|津

互联网泡沫

20世纪80年代,随着计算机和互联网的普及,越来越多的人看到了互联网带来的科技革命以及信息时代所带来的巨大红利。

尤其是在1995年至2001年期间,美国经济的加速扩张让更多资本开始注意到了新兴互联网公司,他们想方设法地投资,并疯狂地向互联网公司"砸钱",很多初创公司都能轻松获得融资,这种盲目投资导致整个股票市场中互联网板块股价飙升，甚至还达到了纳斯达克指数巅峰。

直至 2000 年日本经济衰退以及众多互联网公司面临现金流枯竭无法解决等窘境的出现，股票市场逐渐被恐慌氛围笼罩，投资者开始大量抛售互联网板块股票，导致在多重效应叠加下，股票市场跌至最低点，近一半的新兴互联网公司破产重组，这一互联网泡沫闹剧也以此宣告结束。

1.2.2 快速成长期（2003—2012 年）：电商企业外贸的春天

从 2003 年开始，我国跨境电商迎来了一个快速发展的时期（如图 1-8 所示）。

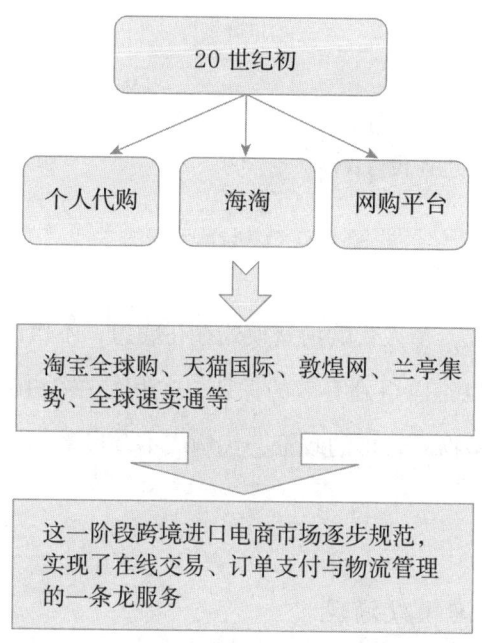

图 1-8　21 世纪初期我国电商外贸行业的发展过程

1.2.2.1 个人代购交易盛行

从 2003 年阿里巴巴集团投资创办了淘宝网,又于同年推出了第三方支付平台"支付宝"开始,我国外贸市场上涌现了一批海外留学生群体进行跨境电商买卖的交易模式,海外代购逐渐兴起,甚至形成了一定的规模,还有依靠淘宝等互联网平台开设店铺线上进行商品售卖的代购群体(如图 1-9 所示)。

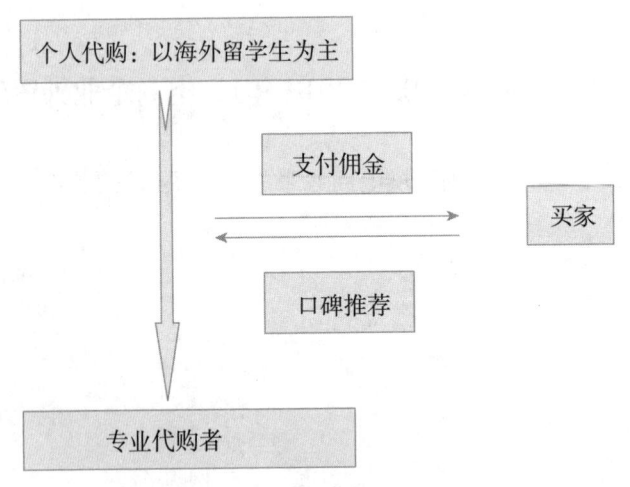

图 1-9　代购流程示意图

但是不得不说,个人代购消费模式存在隐患,不仅消费周期性长,商品的质量与真伪也难以得到有效的保证,尤其是在 2010 年我国出台了调整进出境个人邮递物品管理的政策,代购成本及风险都明显呈大幅度提升的趋势。

1.2.2.2 海淘模式涌现

2007 年开创的淘宝全球购,是阿里巴巴旗下以跨境业务为主的电商外贸平台，它的上线标志着我国跨境进口电商已由个人代购迈入海淘阶段。

海淘，即消费者通过在线购买国外购物平台上的商品，并由国际快递转寄至消费者所在的国家（如图1-10所示）。

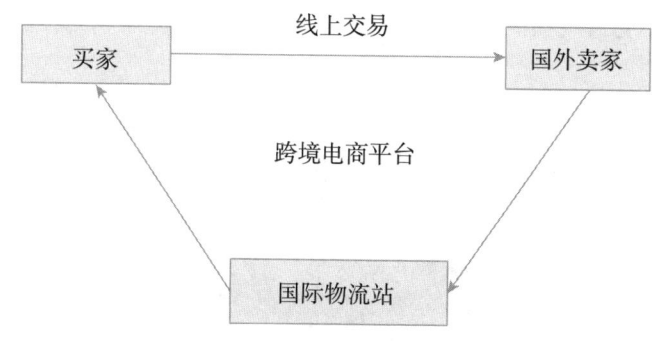

图1-10　海淘的交易流程示意图

进入海淘交易阶段，消费者对网购商品的质量以及品质的需求大幅提升，个人代购中的弊端以及购物体验度低等，促使越来越多的消费者更愿意选择从国外贸易网站上直接购买海外商品，互联网技术的不断也进一步促进了跨境物流行业的发展，逐步形成了一套约定俗成的买卖双方交易规制。

1.2.2.3　跨境网购平台纷纷崛起

进入21世纪初期，网络金融行业快速发展，我国外贸出口也迎来井喷式发展，跨境电商平台取代了个人代购和海淘的形式，越来越企业化、规范化，众多商业巨头纷纷涌入跨境电商市场，分羹蚕食。

这一时期，催生了很多国内跨境电商平台以及导购网站的成立，简单介绍如下。

1. 敦煌网

敦煌网于2004年建立,这一平台打破了传统外贸服务的枷锁,更打通了买卖双方线上对接的上下游供应链,借助于互联网平台,实现了在线交易、订单支付与物流管理的一条龙服务(如图1-11所示)。

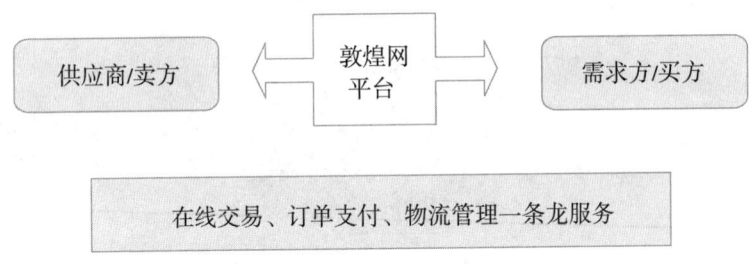

图1-11 敦煌网平台交易流程示意图

与此同时,国内商家也陆续与供应链厂家达成长期合作事宜,此时的跨境电商企业主要是贸易性经营,商品销售利润空间大幅提升。

2. 兰亭集势

成立于2007年的兰亭集势(中国香港)有限公司曾一度被视为我国跨境电商的领头羊,作为当时长期霸占我国对外贸易销售市场超一半份额的网站,可谓是风光无限。

兰亭集势主要是依托计算机技术和大数据平台,整合国内供应生态链,覆盖了家居、服装服饰、消费电子等几十种行业类目、数万种商品,吸引了全球超过200个国家和地区的消费者,拥有了众多海外流量(如图1-12所示),还在2013年挂牌上市,成为我国跨境电商出海的第一股。

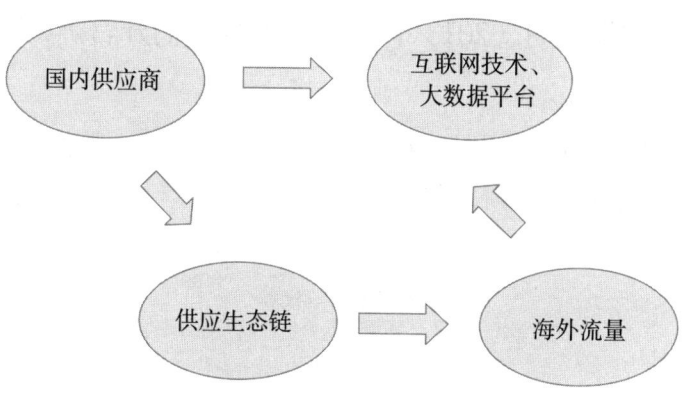

图 1-12　兰亭集势平台的贸易服务模式示意图

3. 全球速卖通

2010 年，阿里巴巴集团旗下唯一面向全球市场的在线购物网站——全球速卖通正式成立，也被视为国际版的"淘宝"，交易模式主要是中小企业通过接触小额批发采购商以及终端消费者来进行（如图 1-13 所示）。

图 1-13　阿里巴巴旗下全球速卖通平台的示意图

1.2.3 稳健发展期（2013年至今）：跨境电商开启新零售时代

20世纪10年代，我国跨境电商发展环境日益成熟，跨境电商迎来新的发展时期（如图1-14所示）。

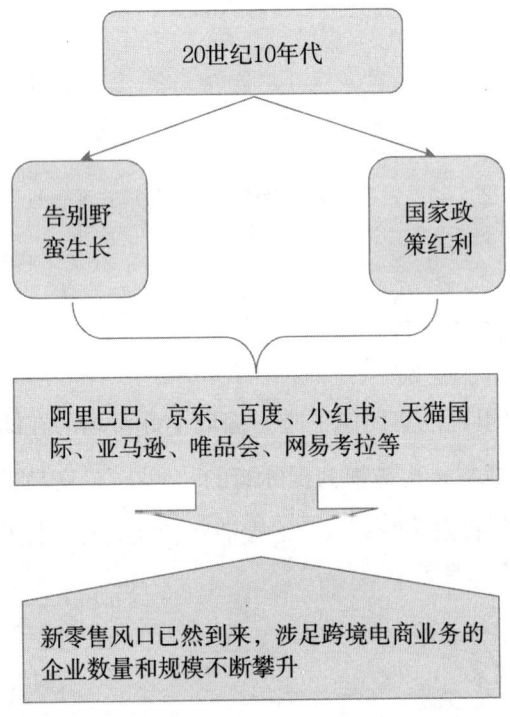

图1-14 我国跨境电商进入成熟期的发展历程

1.2.3.1 跨境电商告别野蛮生长

2013年可谓是我国外贸行业的重要转折年，通常被很多业内人士称为跨境电商元年。这一年，线上线下全产业链均出现了商业化模式的发展，跨境电商企业经营模式也逐步优化，各电商平台产品升级，品类加速扩张，移动电商快速发展，传统外贸电商、海内外电商巨头，以及其他一些新兴公司纷纷入局，充足的流动资本涌入外贸市场，寡头垄断市场显现，甚至一度出现游走在灰色地带的海淘，掀起了电商市场的一场场风暴。

野蛮生长一段时间之后，我国跨境电商产生了鲶鱼效应，转型是唯一选择，这主要得益于跨境电商频获政策利好。

2013—2017年间，我国政府出台多项鼓励和扶持跨境电商发展的举措（如图1-15所示），为支持跨境电商营造了良好的发展氛围，使我国跨境电商行业发展更趋向于合法化、规范化、常态化。

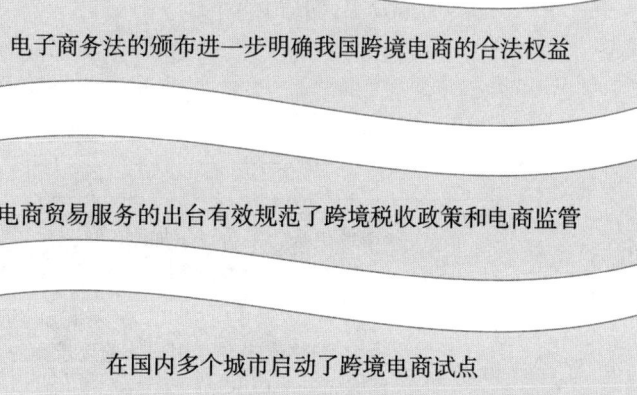

图1-15　我国出台的一系列利好跨境电商行业的政策

1.2.3.2　纯电商已去，新零售风口已至

伴随着时代的进步，互联网科技的飞速发展，以及人们消费品质的提升，新零售的发展方向一直是跟随着普通大众消费者的消费需求，尤其是

在当今人口红利消失的存量市场中，更是注重以人为本，以消费者的结构变化、价值取向来衡量整个市场的变化。

跨境电商新零售，是新零售行业在外贸领域中的一种新兴零售模式，它通过大数据平台搭建，开启了线上线下一体化经营模式。跨境电商新零售具有渠道一体化、数字化经营以及智能物流等多方面的优势，各大跨境电商企业通过互联网打通线上线下，着力布局线下新零售门店或是跨境体验店，提供更丰富的购物体验来释放与消费者价值匹配相当的消费需求，愈发重视品牌商品开发与运营，通过分销或是多元销售渠道满足各个国家和地区的消费者需求（如图1-16所示）。

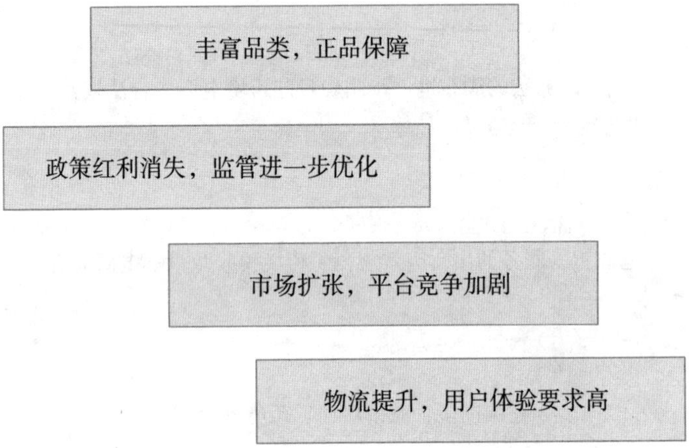

丰富品类，正品保障

政策红利消失，监管进一步优化

市场扩张，平台竞争加剧

物流提升，用户体验要求高

图1-16 我国跨境电商新零售未来发展趋势

跨境电商新零售作为我国产业优化升级的新兴业态，属于它的时代已经到来，并且终将走向全产业链在线化融合发展的新零售时代。

1.3 了解跨境电商运营模式：B2B、B2C、C2C

"互联网+"时代下我国跨境电商正蓬勃发展，越来越多的企业开始跃跃欲试，跨境电商平台层出不穷，而跨境电商本身因其复杂烦琐的商品交易，同时又涉及多个国家和地区，有着不同的业务形态和运营模式。

按照交易对象和业务标准，跨境电商平台运作模式主要有这三大类别：B2B 模式、B2C 模式、C2C 模式。

1.3.1 秒懂跨境电商三大模式

接下来先详细了解一下跨境电商三大模式的含义，再来认识一下跨境电商三大模式的基本特点。

1.3.1.1 B2B 模式

B2B（Business to Business），是企业对企业或买卖双方都是商家，他们通过互联网进行信息展示、传递并开展交易的一种传统贸易模式。B2B

模式内含三大要素，一是买卖双方，二是合作关系，三是服务行为，这些都是 B2B 平台的硬性条件。

 指|点|迷|津

常见的 B2B 平台及运营模式

B2B 平台是我国最早的跨境交易平台，也是很多中小企业的首选，主要是为国内外买卖双方搭建的网络购物服务平台，并通过收取一定的会员费或是信息推广费用等获取收益。

目前，我国常见的跨境电商出口 B2B 平台模式有信息服务和交易服务两种。阿里巴巴国际站便是信息服务平台的代表，主要是通过网络信息展示完成交易的服务模式；敦煌网是典型的 B2B 交易服务平台，是一种供需双方通过线上交易并支付完成的服务模式。

1.3.1.2 B2C 模式

作为互联网背景下一种新兴的贸易服务模式，B2C 平台与传统的 B2B 平台有着本质上的区别，通俗地说，按照交易对象划分，可以简单地将两者的贸易模式理解为零售业与批发业。

B2C（Business to Customer），是指企业对消费者个人开展的如在线商品购买、医疗咨询等电商贸易服务的总称，是直接面向消费者销售商品和服务的，对于商品的品牌、渠道等都有很高的标准和要求，这一模式的跨境电商一般是以网络零售为主。

在跨境 B2C 模式下，我国企业通过跨境电商平台直接面向国外消费者个人开展在线贸易服务。采用 B2C 模式的企业需要有独立的货物存储，具有代表性的有京东全球购、考拉海购和天猫国际等（如图 1-17 所示）。

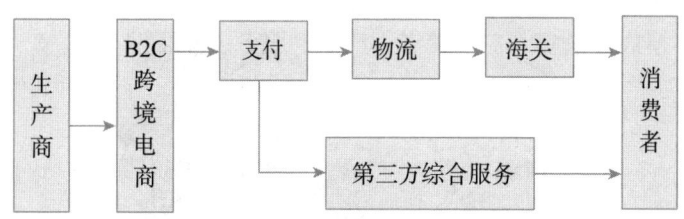

图 1-17　我国跨境电商零售业基本运营流程

1.3.1.3　C2C 模式

C2C（Customer to Customer），即个人与个人之间通过互联网平台进行的商品交易活动，个人在线销售自己的商品。比如，有人通过互联网平台售卖了自己的一台笔记本给另一个消费者，这一过程就是 C2C 电子商务模式，C2C 平台不参与买卖双方交易，同时也不对交易的商品进行担保。这种模式最早可追溯到传统意义上的个人代购和海淘，商品差价是他们的利润来源之一。

通俗地说，B2B 模式是企业间的交易服务，是你成立了公司来买我公司的商品，商家、中介平台以及商家间的沟通是关键；B2C 模式是商对客的模式，是我成立了公司卖商品，要你来买，如京东、当当都是这一模式，商品的品牌、渠道、销售都是关键；C2C 模式是消费者对消费者，是"我卖商品你来买"。值得一提的是，B2C、C2C 中有一点非常重要，就是都运用了物流。

所以，可以总结一套简单明了的跨境电商"三宝"口诀（如图 1-18 所示），如下：

B2B 模式：商对商，商家、中介、沟通好；

B2C 模式：商对客，品牌、渠道、销售好；

C2C 模式：消费者对消费者，产品、服务、互联网。

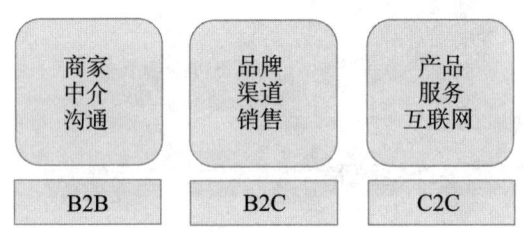

图 1-18　电商三大模式的特点

1.3.2　深入了解 B2B、B2C、C2C

如今，电商发展势头迅猛如虎，电子商务 B2B、B2C、C2C 三大模式之间各有特点、各有优势，下面让我们一起来更深入地了解一下吧。

1.3.2.1　跨境电商 B2B 运营的特点

1. 信息交易服务

信息交易服务，是境内、境外供需双方通过 B2B 网上商城进行信息搜索、浏览以及交易等的一种贸易模式，这类模式流量大，覆盖范围广，也可为企业提供行业资讯的推广宣传服务，如慧聪网，还可以为平台的会员企业提供采购外包服务等。

2. 线上交易服务

线上交易服务，是一种依托互联网进行的集线上商品展示、支付、物流于一体的贸易模式，其运作流程类似于商业地产模式：搭建平台，营销推广，吸纳各大商业巨头进驻，明确业务板块及外贸分工。平台对接供应双方交易的结算支付信息流及支付工具以促使交易达成。买家完成线上交易后，平台需将订单信息传输到供应商运营系统中，并联系当地物流配送公司进行货品分拣与包装，同步依托大数据实时追踪产品是否及时送到买家手中。

3. 全流程的 B2B 跨境电商服务

全流程的 B2B 跨境电商服务，是为国内外贸企业提供出口代理、市场营销推广以及跨境物流等服务，结合传统外贸公司经营管理优势与大数据技术，将销售、金融、物流、通关、外汇以及售后服务等各环节整合在一起。

4. 外贸独立站电商服务

设立外贸独立站，主要是依托国内供应商丰富的资源，向国外中小企业批量销售商品，这需要企业具备基本的建站、运营管理能力及引流渠道。可以说，这类"前店后厂"的创新模式，深受众多供应商青睐。

1.3.2.2 跨境电商 B2C 的细分模式

按照招募商家方式，跨境 B2C 平台商户运营模式可进行进一步细分，具体可分为自营运营模式、第三方平台运营模式及平台+自营运营模式。

1. 自营运营模式

自营运营模式，即 B2C 跨境电商平台自营产品，平台上的商家是平台企业，参与商品买卖的整个供应链，包括采购、物流、支付、售后等全链条跨境交易过程，由商家自己管理自己，商品品质有保证，售后服务响应迅速，但资金压力大、运营成本高、平台商品有限。小红书及考拉海购等平台便属于这种运营模式。

2. 第三方平台运营模式

第三方平台运营模式是平台制定招商规则，允许满足条件的企业入驻并开展商品销售经营活动，并通过建立入驻规则、信用评价及惩罚规则来规范商家行为。这类运营模式流量大、商品种类多，鱼龙混杂，常有质量危机，如淘宝速卖通以及天猫国际等。

尊重平台规则，精心运营见成效

张先生入驻天猫国际之前，就特别留意了天猫国际的招商政策与条件，天猫国际要求企业应加入平台正品保障计划。买卖双方交易完成后店铺动态评分代表了商家的信誉等级，这项评分是商家近六个月所有评分的平均值，直观反映了近半年商家商品质量与服务水平。同时，天猫国际对于不规范、违规商户施行严格的惩罚机制，如支付违约金、扣分等，直至关闭店铺。

作为企业产品营销推广的"一把手"，张先生负责企业入驻天猫国际的店铺运营，他要求自己的团队在运营店铺时必须售卖正品，并重视店铺售后服务质量，这样精心运营之下，入驻半年后，张先生的企业店铺就具有了很高的商家信誉等级，每天的订单量也在不断增加。

3. 平台 + 自营运营模式

这种模式一般是自营平台升级到一定规模，为丰富产品线，引进第三方商家入驻平台提供的更为优质的服务，对入驻商家的监管更为严苛，商品质量、售后服务、流量均有大幅提升，但自营业务与入驻商家的联合也较容易出现业绩争夺的情况，如亚马逊全球购、京东全球购等。

1.3.2.3　C2C 跨境代购的优劣势

C2C 跨境代购也是目前零售业中常见的外贸模式，可以满足消费者多样化、个性化的购物需求，随着商业零售的发展，以消费者认知为主导，商品的核心竞争力发生变化，更注重精神社交层面上的消费，趋向于细致化、产品多样化的体验及用户沉淀，并逐渐形成了规模。

C2C 跨境模式下的代购现金流沉淀大，产业链不稳定，商品质量把控弱，来源不可控，还存在物流服务单一等问题，售后无法得到有效保障，甚至可能在利益的驱使下有偷税、漏税等违法行为的发生，可见，这一模式如若没有政策制度上的规制难以有很大的发展前景。

1.4 实用场景模拟、翻译小工具，高效助力跨境交易

1.4.1 常见的跨境电商实用场景模拟

随着全球贸易和市场复苏及数字创新的发展，我国跨境电商领域呈阶梯式跃进。

如果你刚刚踏入跨境电商行业，为减少跨境交易中的信息不对等情况的发生，以及交易成本的降低，可以在一个全真的场景模拟电子商城网站上进行实际操作，这会让你更快熟悉跨境电商贸易流程，以下以 Wish 平台与全球速卖通为例进行详细说明。

1.4.1.1 Wish 平台

Wish 是 2013 年发展起来的一款手机应用软件，可以以个人身份注册，客户定位年轻化，开店成本低，只需要支付商品佣金。

1.4.1.2 全球速卖通

如果是企业卖家，可以尝试入驻全球速卖通，入驻时需要提供企业支付宝账号、企业营业执照、法人身份证等，从 2020 年开始，入驻速卖通不再收年费，只需提交保证金即可。

1.4.2 做跨境电商不懂英文怎么办

要想在跨境电商行业中有所作为，吸引海外消费者能看懂自己的商品介绍、对自己的商品感兴趣并顺利下单购买，准确的翻译必不可少，只有精准的翻译，才能将商品的优点和与众不同之处展示清楚，才能让用户对产品感兴趣或确认商品是否能满足他们的需求。

语言是跨境电商从业者必须要克服的一个难关，目前，市场上有很多翻译小工具、APP 等可以帮助跨境电商从业者解决语言翻译的问题，这里重点介绍以下几种常见在线翻译软件。

1.4.2.1 百度翻译

百度翻译是常见的跨境电商从业者的翻译软件，支持的语言超过两百种，而且其中的对话功能较为实用，还会呈现出译文的前后对比，方便检查，还有文档导出等功能。

1.4.2.2 谷歌翻译

谷歌支持百余种语种的互译功能，是不少跨境电商从业者的首选。此外，这一网页翻译软件还可提供两种任意语言间的字词句上的转换，翻译出来的文章质量相对来说很高。

1.4.2.3 有道翻译

有道翻译网页版是网易旗下的一款免费的在线翻译软件，支持近 14 种语种互译，但只支持从中文翻译到外文或从外文翻译到中文，还支持网页、文档及 APP 拍照图片文字翻译等，十分方便好用。

1.5 跨境贸易风险早知道

近年来，我国跨境贸易总量保持着快速增长态势，为我国外贸企业创造了良好的环境，增加了跨国贸易机会，降低了销售成本。与此同时，由于跨境电商的交易特点，跨境税收、知识产权、贸易壁垒及跨境物流等不确定因素凸显，增加了交易双方的风险，给企业经营带来损失。

厘清跨境贸易风险因素，有效识别风险或是规避风险，方能使你的企业和店铺在行业中站稳脚跟。

1.5.1 国际贸易风险不得不防

1.5.1.1 政治风险

跨境电商的政治风险常常具有不确定性，与贸易目标国或地区的政治、经济政策等具有十分密切的关系，战争、贸易壁垒、政治制裁等都有可能引发一系列的贸易问题，进而影响跨境商贸活动的开展。对于跨境电商从业者来说，因为政治因素可能产生的贸易风险必须引起重视。

在从事跨境电商时，要注意签订合同等条款前谨慎评估交易方的政策变动及走向，选择中长期信用交易，投保进出口风险保险。

1.5.1.2 法律风险

跨境电商在交易过程中会涉及不同方面的法律问题，包括知识产权侵权、个人信息泄露、物流交易等方面。

1. 知识产权侵权

在进行跨境电商交易过程中，会有一些卖家为了一己私欲，将其他商家热销的产品图片、商标、产品设计等挪用到自己的商品中，美其名曰是借鉴，但在未告知原创者的情况下，这都构成了恶意侵犯他人的知识产权，属于商业机密侵权，需负一定的法律责任。

在"走出去"和"引进来"的过程中，作为卖家，一定要提高知识产权自我保护意识，同时做到不侵权。

2. 个人信息泄露

跨境交易通常会要求商家及用户在入驻平台或是交易前进行实名信息登记，这就导致某些不法企业违法窃取商家或消费者信息牟取利益，这一方面是交易平台的疏忽；另一方面，这些行为更是违反了个人隐私保护的相关法律。

3. 物流交易风险

跨境电商的物流交易是跨国完成的，相较于国内跨境交易而言，有很多不确定性，更容易出现各种意外情况，如包裹破坏甚至丢失，商品未达到买家所在国家海关规定被驳回或被扣押，或是商品在运输途中因快递配送的失误所导致的种种风险等。

防范跨境物流的种种风险，要重视对物流公司的选择，大件、贵重商品要重视做好投保工作，防范运输过程中发生的各种风险。此外，要加强跨境物流体系建设，完善自己所销售的商品的物流信息系统，还可以尝试建立共享海外仓与他人共担风险。

1.5.1.3 市场风险

1. 汇率变动风险

汇率主要是在国际市场上由本币与外币的价格变动所引起的，跨境电商的迅猛发展仍受汇率变动的影响，有时甚至可以演变为企业的价格风险或是财务风险。

汇率风险会导致跨境电商陷入被动局面，为此，跨境电商从业者在贸易服务前必须考虑到应收款、应付款的周期及外汇兑换的风险，在交易时可以以人民币作为主要的交易币种，还可以通过采取同种货币进行交易来有效应对结汇中的汇率风险。

2. 产品责任风险

产品责任风险，也是商品本身的信用风险，即卖方要对所交易的商品承担一定的质量保证责任，常见的是商品是否与网站提供的描述匹配，不存在过于夸张等信用危机。值得一提的是，大多数欧美国家都建立了严苛并完善的产品责任赔偿制度，赔偿金额之高让人瞠目结舌。

出口产品责任风险一般包括产品设计、制造方面存在错误或缺陷的风险，为此，跨境电商从业者可以通过开发新产品，打造高端品牌，或是开发新兴市场，实现出口市场多元化。

1.5.2 国际贸易欺诈、投诉及纠纷等危机处理

1.5.2.1 电商欺诈行为

因为缺乏统一的市场交易规范，有的商家会通过网络信息虚假事实骗取消费者信息或财物，通常，这种以非法占有为目的的典型跨境电商欺诈行为如账号转让、联系不上、货不对板、收款不发货和邮箱被盗等，欺诈方式大多是依据销售渠道的变化而变化，因跨境互联网交易、语言障碍及跨境流程复杂等让人们疏于防范。因此，从事跨境电商外贸活动的个人或企业必须防患于未然，才能规避以上风险和欺诈行为，避免遭受更多的损失。

1.5.2.2 跨境贸易投诉与纠纷

这主要是买卖双方在交易过程中由于某一原因未能达成一致意见，产生的争议无法进行协商，其中的买卖一方可以向平台申请投诉处理。主要类型包括买家没有收到货品、货品与描述不相符、交易过程中服务不当或商家未收到货款等招致的投诉。

为此，作为跨境电商从业者，商家应重视从消费者的角度思考问题，实时关注货品物流运输情况，买卖双方发生纠纷时，商家不应使用冷暴力，要友好积极地与买家沟通，保留发货凭证，及时协助买家收到商品。

第 2 章

平台入驻,踏出跨境电商第一步

对于刚刚跨入电商行业的从业者来说，平台选择至关重要。

当前，跨境电商平台丰富多样，各个国家和地区都有比较优秀的跨境电商平台，而每个平台都有自己的核心竞争力及受众群体，因此对于从事跨境电商的个人或企业来说，选对跨境电商平台非常重要，这是从事跨境电商非常重要的一步。只有找到和自己的产品属性最为匹配的平台并进驻，才能最大限度地为自己的商品赋能，找到最佳的营销模式。

了解和认识不同跨境电商平台，科学选择跨境电商平台，迈出跨境电商的第一步，开启国际贸易之旅！

2.1 选择哪一个平台

2.1.1 认识常见的跨境电商平台

目前跨境电商平台非常多，针对各个国家和地区均有不同的优势平台，需要商家根据自身特点加以灵活选择。

面对五花八门的跨境电商平台，很多卖家都有乱花渐欲迷人眼之感。常见的跨境电商平台大概可分为国内跨境电子商务平台、欧美跨境电子商务平台及东南亚跨境电子商务平台三类。其中，知名度高、注册用户数量较多的跨境电商平台主要有十种（如图 2-1 所示），这些跨境电商平台在千千万万家平台中突破流量瓶颈，逐步迈进后流量红利时代。

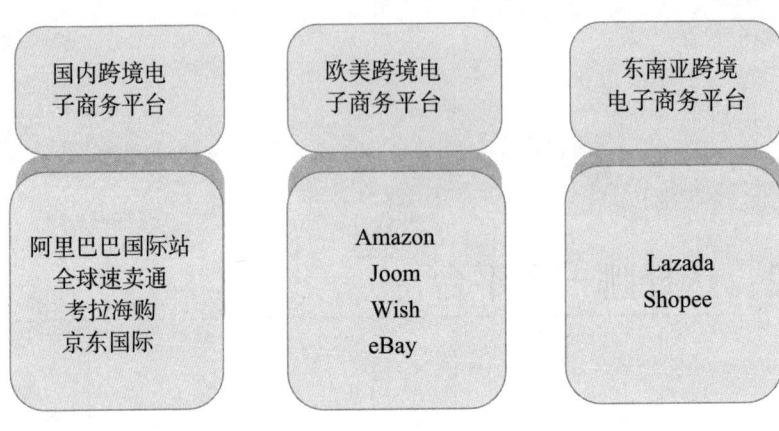

图 2-1　十大跨境电商平台

2.1.2　不得不知的跨境电商平台选择要点

2.1.2.1　明确自身需求

卖家要想选择适合的跨境电商平台，必须慎重考虑以下几个问题。

首先，要明确自己的目标市场是哪里。根据目标市场进行平台选择。

其次，必须充分认识到，不同的平台对卖家开店的资质要求不同。卖家要根据自己的条件，选择最相符的平台入驻。

最后，卖家要根据自己的经营模式和优势来选择平台，可以从货源、地缘、文化、语言和物流等方面的优势来考虑，灵活选择最有利的平台入驻。有些平台对卖家的资质要求很高，并不允许个人入驻。因此，选择平台的时候，一定要看清楚平台的入驻条件，选择符合自己的平台。

2.1.2.2　了解平台

选择跨境电商平台前，应先明确不同跨境电商平台的特点与入驻要求，这样才能更有针对性地去选择平台。

例如，亚马逊和阿里巴巴国际站都只有公司才能入驻；Shopee 平台非常看重卖家的店铺经验；Wish 要交保证金；eBay 限额；全球速卖通有一个硬性指标，即必须有品牌才能入驻。

在货源方面，很多平台像 Shopee 平台、亚马逊、淘宝 1688 等都可以代发货，对于新手来说，无疑可以减轻资金方面的很多压力。

因此，新手试水跨境电商，需要问问自己：货源找到了吗？成立公司了吗？有没有自主品牌？有无从业经验？这些问题，也决定了卖家最终入驻的平台。

回答了以上问题之后，相信对于"卖家适合入驻哪个平台"的问题，很多人心里都已有初步的答案了。

总之，要根据自己的实际情况进行选择。每个平台都有自己独特的核心竞争力和受众群体，例如，Shopee 和 Lazada 是东南亚的行业翘楚，如果想做俄罗斯市场，就可以选择 Joom 平台。因此，一定要根据卖家的产品和行业方向，根据实际情况选择适合的平台。

运 营 案 例

选对平台，适销对路

桃子是一家东北的跨境电商卖家，喜欢创业的她大学毕业就加入了跨境电商大军，在亚马逊平台上售卖女装等产品，但是生意一直没有起色，冬天来了，桃子进了一批款式新颖、价格低廉的羽绒服。

正在店铺上货的时候，有一个朋友来看她，给她提建议说，她在东北，离俄罗斯近，建议她选择俄罗斯的平台Joom，俄罗斯天气严寒，东北出产的御寒衣物一定能打开那里的销路。桃子听了朋友的建议，于是改做Joom平台。果然，桃子挑选的产品物美价廉，羽绒服漂亮保暖，很受俄罗斯消费者欢迎，很快就被抢购一空，桃子也由此受到启发，她开始一心一意经营Joom平台，很快就打开了新的局面，成为当地小有名气的跨境电商从业者。

2.2 不同平台的特点与要求

2.2.1 国内跨境电商平台

2.2.1.1 阿里巴巴国际站

1. 平台简介

阿里巴巴国际站是基于阿里巴巴国际站贸易平台成立的,致力于帮助国内中小企业开展营销推广,向海外客户推广卖家商品和服务、获取贸易机会的跨境电商平台。作为全球最大的 B2B 跨境电商平台,阿里巴巴国际站的物流覆盖全球 200 多个国家,协助卖家进行入境、清关、完税、配送服务。

2. 阿里巴巴国际站的平台特点

阿里巴巴国际站为卖家提供包括店铺装修、产品展示、营销推广、生意洽谈及店铺管理等一站式全套线上服务(如图 2-2 所示),协助卖家打通跨境电商贸易无忧之路。

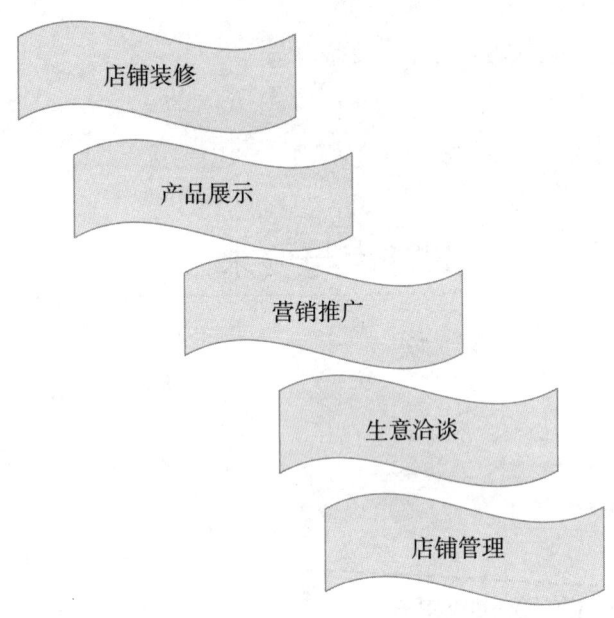

图 2-2　阿里巴巴国际站提供的一站式线上服务流程

阿里巴巴国际站和全球速卖通是很多国内卖家进军海外市场的首站，很多卖家都是从这两个平台跻身于跨境电商行业的。这两个电商平台也更符合国内卖家操作习惯，相较于其他跨境电商更容易操作。

3. 阿里巴巴国际站的入驻条件

阿里巴巴国际站需要入驻商家有足够的实力，因此谢绝个人商家入驻，只能是有资质的企业才能入驻，而且商品必须适应外贸企业的经营管理，接受指定的支付方式进行支付，按照阿里巴巴国际站的具体要求填写申请。

2.2.1.2 全球速卖通

1. 平台简介

曾一度被人们称为"国际版淘宝"的阿里巴巴全球速卖通于 2010 年成立，英文名是 AliExpress，这是一家针对全球市场来精心打造的在线跨境电商平台，也是四大跨境电商中唯一一个中国制造。全球速卖通由中国卖家组成，不论是流量还是成交量，截至目前都仍稳居全球电子商务平台前五位。

2. 全球速卖通的平台特点

为了争取人气，全球速卖通在成立之初，入驻门槛较低，用户只要凭一张身份证，缴纳 1 000 元保证金就能在全球速卖通平台开展店铺业务。这让全球速卖通平台迅速积累了一大批注册用户，促成了平台的店铺企业化和产品品牌化两项重大改革的快速完成。

作为阿里系的重要成员，全球速卖通也被人们趣称为"国际版天猫"，从淘宝到天猫的十年之路，全球速卖通仅用一年就走完了。

大量的用户积累，让全球速卖通迅速成长起来，全球速卖通完成从 C2C 到 B2C 的升级后，提高了开店门槛和费用，只有公司资质的店家才能入驻，个人卖家被拒之门外。

对于熟悉国内天猫运营的商家来说，全球速卖通这一平台有着天然的亲切感，也更容易上手。对于企业资质和产品的高要求，也保障了全球速卖通的商品和物流品质，更容易获取海外客户的信任。

值得注意的一点是，全球速卖通的买家主要是俄罗斯境内的买家，其中四成贸易交易来自俄罗斯。有卖家认为，来自俄罗斯的买家对全球速卖通依赖性很强，全球速卖通的这个特点为跨境电商从业者提供了市场参考，如果你的目标市场在俄罗斯，那么入驻全球速卖通将是你非常正确的一个选择。

3. 全球速卖通的入驻条件

全球速卖通只有公司资质才能申请开店，个人用户已经无法申请，就算是 2016 年之前申请的个人店铺，也要完成企业店铺的升级，否则就会被视为自动放弃，被后台关闭店铺。店铺发布的品牌要求也很高，必须是品牌或者是自有品牌，或者有其他品牌的合法授权。

全球速卖通网站上的大多数产品类目需要每年支付 1 万元的技术服务费，但只要销售额达到 4 万美元就能全额返还。如果销售额只达到一半，或者是 2 万美元到 4 万美元之间，费用返还一半，即 5 千元人民币。

全球速卖通可以免费发布产品，无须支付费用，可是一旦交易成功，大部分产品类目销售需要被平台自动抽取 8% 的交易佣金。

2.2.1.3 京东国际

1. 平台简介

京东国际是京东集团经营跨境进口商品业务的平台，它的前身是京东的海囤全球和京东全球购。

2. 京东国际的平台特点

作为国内首个大型进口业务消费平台，京东国际注重消费场景、营销、招商、品质服务四大维度，为国内消费者带来更丰富的国外产品及更低廉的商品价格，入驻来自日本、韩国、美国等七十多个国家和地区的两万多个品牌，涵盖时尚、母婴、进口食品等商品类目。

京东国际凭借京东庞大的流量，为平台入驻卖家带来大量的销售机会。京东国际坚持只卖正品，也为平台缔造了良好的口碑，再加上京东庞大的物流体系，也为京东国际卖家省去很多后顾之忧。

3. 京东国际的入驻条件

京东国际的入驻要求并不复杂，要求有营业执照或经营许可证等注册文件及法人身份证、申请企业的海外银行账户开户证明或银行对账单、国内退换货的地址、商品商标注册证书（非商标持有人需提供商标持有人出具的授权书），以及公司和品牌简介。

2.2.1.4 考拉海购

1. 平台简介

考拉海购（网易考拉海购），是阿里巴巴集团旗下主营跨境业务的会员电商平台。考拉海购业务包括母婴、美妆、家居、环球美食、箱包和家电等，为消费者提供海外商品的购买渠道，推动消费者消费和促进生活质量全面升级。

2. 考拉海购的平台特点

考拉海购是"杭州跨境电商综试区首批试点企业"，经营模式和营销方式都有独特见解，是拥有"B2C商品类电子商务交易服务认证证书"的跨境电商平台。

目前，考拉海购在美国、德国、日本等国家和地区都有分公司或办事处，它采取自营及源头直采，舍去了中间环节，从源头直送国内，解决了商家和消费者信息获取不对等的问题，拥有自营、定价、全球布点、仓储、海外物流、资金和保姆式服务等优势（如图2-3所示）。

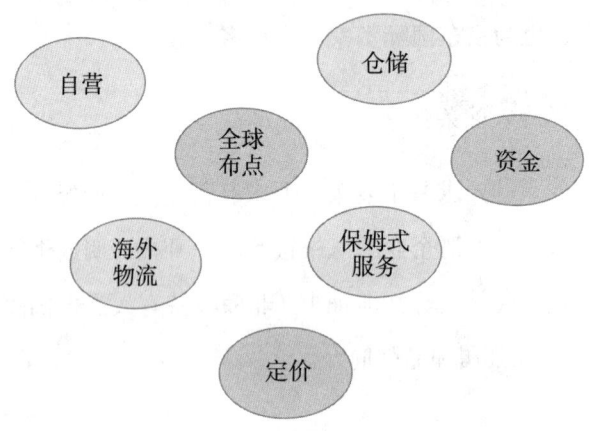

图 2-3 考拉海购的平台优势

考拉海购平台可以深入原产地和厂家进行直采，形成特有的海外批发价，省却中间商赚差价，还享有国家的政策补贴，只要缴纳行邮税，关税、增值税、消费税都被减免，形成价格优势。这样一来，无论是海外的商家还是国内消费者的利益都得到最大化。海外商家只需给考拉海购供货，考拉就会负责推广，省去他们在中国开拓市场的种种困难，如文化差异、运输等问题。

3.考拉海购的入驻条件

商家需承诺所有售出产品都是正品，提供指定退货地点和渠道，保障消费者权益，并且实时向海关传输加了电子签名的跨境电商零售进口交易电子数据。

2.2.2 欧美跨境电商平台

2.2.2.1 Amazon

1. 平台简介

Amazon，即人们熟知的亚马逊（以下称其中文译名亚马逊），总部在美国西雅图，是全球最大的跨国电子商务企业。

亚马逊最早的业务是做线上书店，后来商品多元化，逐步发展成全球最大的互联网线上零售商之一。

2. 亚马逊的平台特点

作为深受欧美消费者喜爱的电商平台，亚马逊有着很多忠实的消费群体，也有着强大的平台B2B服务，能够给用户提供更好的体验，也帮助卖家获取更高的利润。亚马逊平台提供强大的物流配送和售后服务，卖家只需把货发到亚马逊仓库，后续的分拣、包装和配送流程都由亚马逊完成，亚马逊还为FBA卖家提供退款和退货方面的客服服务。

和很多跨境电商平台相比，亚马逊可谓是风格鲜明。

第一，这一平台更重视商品属性，而不看重店铺。通过第三方商品的进驻来丰富商品品类，但必须保证亚马逊统一的风格，因此卖家并无多少自定义权限，上架商品也必须符合亚马逊平台统一形象。

第二，亚马逊平台门槛高，要求严。入驻前的审查和入驻后的营销要求同样严格。亚马逊的铁律是所有卖家都要遵守买家服务承诺。如果达不到要求，轻则受到严厉处罚，重则永久封号。

第三，亚马逊走的是去个性化路线，并不看重卖家产品的鲜明特质，而是把价格和物流及售后当作硬性标准。亚马逊不希望卖家过分注重商品，而是注重售后，提高消费者的消费体验。

 指|点|迷|津

亚马逊三大站点分析

北美站

北美站包括美国、加拿大和墨西哥，其中美国是个庞大的市场，也是绝大部分中国卖家的首选，因此加剧了竞争。加拿大和墨西哥市场不及美国大，但竞争小，只要选对差异化的产品，做好售后，对中国卖家来说是个不错的选择。

欧洲站

欧洲站包括英、法、德、意和西班牙五国，利润总体要比北美三国高，很多中国卖家都瞄准欧洲市场销售高端产品。这里需要注意的是，欧洲五国都有各自的语言，因此对卖家的外语能力要求很高。

日本站

日本站开放时间很短，2016年才对中国敞开大门。卖家和产品数量都不多，属于待开发市场。日本人审美和消费能力都很高，对产品品质的要求也比较高。

3. 亚马逊的入驻条件

与主流跨境电商平台一样，亚马逊也在逐步取消个人注册业务，其中只有企业卖家才具备申请欧洲站的资质，极少部分人才能以个人身份注册

北美站和日本站。从 C2C 向 B2C 转型是大势所趋，亚马逊也不例外，因此还是要以企业身份入驻。

亚马逊平台的月租并不高，专业卖家在三个站点都是按每个月 39.99 美元的标准收取月租费用，个人卖家虽然不用缴钱，但是每卖一件商品，都要向平台支付 0.99 美元佣金，这个钱专业卖家就不用付。平台对图书视频等媒介收取固定交易费，无论是专业卖家还是个人卖家，每卖出一件商品，都要向后台缴纳 1.8 美元佣金。所有卖家都需要付销售佣金给平台，类目不同，佣金比例不同，最低佣金额各异。销售佣金等于销售额乘以佣金比例，如果销售额乘以佣金比例比最低佣金数额低时，就按照最低佣金计算。

2.2.2.2　Joom

1. 平台简介

Joom 平台是俄罗斯一家年轻的跨国电商平台，成立于 2016 年，并很快成为全球发展最迅速的电商平台之一。Joom 平台作为移动端购物平台，主要针对俄罗斯境内客户。在 2016 年 11 月，Joom 平台向中国卖家开放，成为最受中国卖家欢迎的跨境电商平台之一。

现在 Joom 平台已经覆盖法国、英国、爱尔兰、北欧等大部分欧洲国家，以及澳大利亚、美国、非洲部分国家等，成为业务发展最为神速的电商平台之一。

2. Joom 的平台特点

Joom 平台对于客户来说优势还是很多的，它不收运费，平台页面类似于 Wish 平台，根据用户偏好推送产品，产品涵盖品类众多，能够给客户提供 24 小时服务。对于卖家来说，平台提供自动促销服务，卖家只要标好价格，平台就会自动促销，而且提供 75 天超长的退货保障期。

Joom 平台是一个俄罗斯的小众电商平台市场，发展势头迅猛。这个平台上由于开店的中国卖家不多，因此竞争较小，而且单量很高，这都是 Joom 平台的显著优点，缺点则是其单价不高。

3. Joom 的入驻条件

Joom 平台入驻条件不高，企业和个人店铺都可以申请，只要有企业营业执照、法人身份证及法人手持身份证的照片就可以申请。但是平台要求卖家有跨境电商的经验，需要前三类的产品每日订单和交易总额，如果从事的是其他网站还需要提供店铺链接。佣金通常是产品类目的 15%，产品售价加运费乘以 15% 就是佣金。如果有促销活动，佣金按照折扣后的价格收取。如果有退款，按照余下金额收取，要是全部退款则不收佣金。

2.2.2.3 Wish

1. 平台简介

作为近几年异军突起的跨境电商平台新贵——Wish 平台可谓是发展神速。

Wish 平台是 2013 年转型做跨境电商的。2016 年年底就取得了注册用户超 33 亿的成就，创造了将近 800 万的日均活跃买家用户、逾 8000 万库存量、日均业务量上百亿的战绩。

Wish 后台会分析用户的注册信息和网络浏览足迹，然后进行商品推送。与全球速卖通一样，它也在国际跨境电商平台中稳居前五，并推出多个垂直类 APP（如图 2-4 所示）。

Wish——提供多种产品类别

Geek——主要提供高科技设备

Mama——主要提供孕妇和婴幼儿用品

Cute——专注于美容产品、化妆品、配饰和衣服

Home——提供各种家居配件

图 2-4　Wish 平台推出的五种垂直类 APP

2. Wish 的平台特点

或许是因为 Wish 平台的创始人之一是中国人的缘故，Wish 平台自带中国基因，也有一款中国人操作非常便利的移动端购物 APP，它的所有交易都通过手机 APP 完成，总共有 iOS、安卓、Web 三个版本。

在 Wish 平台，中国卖家达到近八成，买家则主要是北美人和欧洲人，与亚马逊定位欧美中高端人群不同，Wish 平台的客户以"90 后"的年轻女性为主，年龄层次低，但是仅占 30% 的男性用户却占据了成交额的 70%。这个数据为 Wish 平台卖家选品提供了参考，那就是男性买家的购买力比女性强很多。女性用品可以选择价格低廉的产品，而男性用品就可以适当选择高档产品。

3. 商品的差异化销售

Wish 平台有着特殊的商品推送原理，在进行运营的时候，也与其他平台有着本质上的差别。Wish 平台并不看重店铺本身，但是注重商品的差异化及用户体验。同样的商品，那些负面评价少、好评多、服务好的卖家，会在同等商品条件下，得到后台更多推送。

Wish 后台平台推送，最看重的要素是标签，根据用户注册信息、浏览情况和后续的购买行为，后台系统为用户贴上相应的标签。每天刷新客户购买记录，不断更新用户标签，以此判断用户可能感兴趣的商品，所有的计算都由后台自动完成。

Gadgets、Hobbies、Beauty、Home Decor、Makeup 是平台综合排名前五的类目。人气最高的类目的共同特点是拥有选择余地大、上新频率高、话题度高的产品。新卖家入驻的时候，进行类目选择时，要选择有潜力的类目，避免白热化竞争，为自己争取时间，获取更多的空间。

在选品过程中，要记住差异化商品的铁律。Wish 平台的后台算法通过同一个网页和卖家的商品进行推断（如图 2-5 所示）。只要相似度高，无论是不是同一个卖家，都会被认定为同款，只推荐一个单品，其他同质产品就零曝光了。

4. 利用 SNS 网站引流

Wish 平台里面，移动端客户占到 98%，具有压倒性优势，这些客户又以欧美地区为主，其中北美占半壁江山，欧洲占剩下的 45%。值得注意的是，流量的绝大部分是从 Facebook 等 SNS 网站引流过来的，因此，Wish 用户有互动性高的特点，以兴趣作为浏览的习惯。

基于这一点，Wish 平台卖家要善于利用 SNS 网站来引流，研究产品目标客户的兴趣点，围绕兴趣点进行活动策划或制造话题，成功引流。

图 2-5　Wish 平台算法的十大依据

5. 优化买家端购物体验

与其他跨境电商相比，Wish 平台的买家端体验有以下特别之处。

第一，具备个性化定制，从首页的按钮来设置买家偏好。平台通过这些设置，为买家提供个性化的产品。这是因为绝大部分买家购买商品不是源自需要，而是出自自身喜好和兴趣。

第二，时间的不确定性。对于手机移动端来说，买家全天候都能打开手机浏览信息，这使得线上交易变得无孔不入。

第三，有简洁的移动端屏幕界面。手机屏幕比较小，因此，Wish 平台的商品图片大多简洁且清晰，文字排版尽量精练，符合现代人手机屏幕阅读习惯。

第四，容易冲动消费。移动端因为受到浏览时间和地点限制，客户嫌比价麻烦而匆忙下单，容易造成冲动消费。

6.Wish 的入驻条件

Wish 平台上出售的产品，版权必须归商家所有，或得到品牌商的授权。换言之，商家必须具备产品创造的生产权或分销零售权，而且售卖的产品必须是有形产品，要对产品进行清晰详尽的展现和描述，无形产品不得出售。

同时，Wish 平台具有快捷安全的物流，1~5 天内必须发货并提供单号，并为客户提供自助服务，对于客户订单问题，商家要及时解决，并对用户邮件进行及时回复。

运营案例

人无我有，人有我优

　　凭着对跨境电商的满腔热爱，艾迪进入了他很喜欢的 Wish 平台。但是做了一段时间之后，商品销售情况堪忧。艾迪很苦恼，Wish 平台上中国卖家很多，选品同质化严重。经过多方学习之后，艾迪决定走差异化路线，利用 Wish 平台男性消费者购买力强的特点，上架高端男性用品。

　　凭借自己对时尚的敏感度，艾迪进了一批高端男装和配饰，很受欢迎，并很快销售一空。受到启发的艾迪下架了店里的女性产品，专攻高端男装，店铺生意蒸蒸日上。

2.2.2.4　eBay

1. 平台简介

1995 年，美国成立了两大电子商务平台，其一是亚马逊，其二便是 eBay 平台。

eBay 成立之初，只是一个二手物品拍卖网站，两年后便蜕变为包括在线交易平台 eBay、在线支付工具 PayPal 和为企业提供零售渠道及数字营销便利的 eBay Enterprise 三大核心业务的全球在线商品交易平台。

eBay 在全球总共有 31 个站点，只要一个账户，就能向所有站点销售，只是站点不同，销售费用各异。

2. eBay 的平台特点

eBay 最开始的时候只是个二手商品拍卖网站，其拍卖特色被延续下来，直到今天这一平台也经常采取拍卖的方式进行销售，这是 eBay 与其他平台最显著的区别。在 eBay 上，售卖方式分为拍卖、一口价和综合销售三种（如图 2-6 所示）。

拍卖：起拍价，价高者得

一口价：保底价

综合销售：起拍价+保底价

图 2-6　eBay 商品售卖的三种典型方式

拍卖是 eBay 平台卖家和买家双方最喜闻乐见的方式，只要设置好物品的起拍价和在线时间就开始竞拍，临近结束时候的最高竞拍价就是卖价，价高者得。而且搜索的时候，临近结束的商品还会获得更好的排序，对商家来说，这是免费的曝光机会。

一口价是 eBay 平台店铺热销库存物品的标价方法，在线时间最高 30 天，这样能让商品得到最大限度的展示。这种方式适合销售大批量库存的商品，商品需要长期大量曝光，卖家希望有稳定安全的利润。

综合销售，即将拍卖和一口价结合起来，既能在拍卖方式里设置起拍价格，又能设置一个满意的一口价的保底价。这种方法既能让买家自由选择，也保障了卖家的利润，可谓皆大欢喜。

3. eBay 的入驻条件

账户注册所在地必须是中国大陆或者我国港澳台地区，账户必须为新账号，只能以企业注册商业账户完成卖家认证，然后链接到已认证的 PayPal 账号。商家需要提供有效期内彩色营业执照，如果是黑白必须加盖彩色公章，信息必须和 eBay 账户中一致，法人需提供彩色身份证和公司地址。我国香港公司申请需要提供账户月结单、公营水电煤气账单、电话账单、房地产所有证等彩色证件。

 指│点│迷│津

eBay 平台的费用收取方式

eBay 平台相对门槛较低，卖家有"非店铺卖家"和"店铺卖家"两种。形式上很好区分，只要上架产品超过 40 个，就是店铺卖家。产

品数量不足 40 个的，就是非店铺卖家。

eBay 平台费用收取的方式比较多，共有 5 种（如图 2-7 所示）。

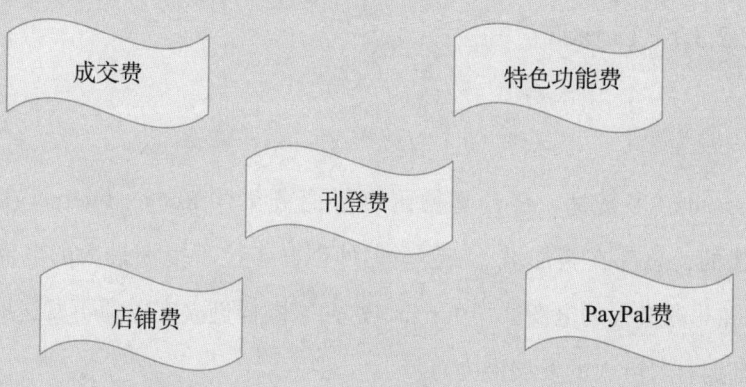

图 2-7 eBay 平台费用收取的五种方式

刊登费，是在 eBay 平台上售卖商品的一种基本费用，只要发布商品，就得给钱。这个钱有固定的额度，类目不同金额不等。

成交费，是商品卖出去了再按照成交金额缴纳一定比例的佣金，不成交则不必支付。

特色功能费是额外的服务费，如果嫌刊登的商品不够有卖相，可以添加一些付费的特色功能，增加商品曝光率。发布的时候，这个钱要与刊登费一同支付。

店铺费，也就是店铺的月租费，卖家的店铺等级不同，月租费也不同。

PayPal 费用是一种平台手续费，在 PayPal 上进行单独收取。以美国站卖家为例，非店铺卖家要缴纳刊登费、成交费，如果用了特色功能的话也要缴费。每月发布的前 50 个商品是免费刊登试用的，成交费则是成交总额的 10%，以 5750 美元为上限收取。

2.2.3 东南亚跨境电商平台

2.2.3.1 Lazada

1. 平台简介

Lazada（来赞达）平台是德国电子商务集团 Rocket Internet 在 2012 年创建的，总部在新加坡（该公司另外创办了拉丁美洲最大的电商网站 Linio 和非洲最大的电商公司 Jumia，这两家同样创立在电商不发达地区的网站都拥有着巨大的发展潜力）。

作为东南亚地区电商购物平台的龙头老大，Lazada 平台覆盖东南亚 6 亿人口，其流量、知名度、市场占有率都是最好的，目前有马来西亚、新加坡、印度尼西亚、泰国、菲律宾和越南六个站点，但越南暂未对中国卖家开放。

对于中国人来说，Lazada 平台无疑是做跨境电商的良好选择，东南亚和中国有文化的相似性，使得彼此认同度高。Lazada 平台覆盖产品种类包括户外、母婴、家居、美妆等十六个大类，和国内天猫和淘宝重叠度高，经营容易上手，地域临近，便于彼此间贸易往来。

2. Lazada 的平台特点

阿里巴巴多次投资 Lazada 平台，在 Lazada 平台具有控股优势地位。Lazada 平台是阿里巴巴看好的跨境电商平台，对 Lazada 平台多次巨额投资，充分表明了阿里巴巴对 Lazada 平台的认可和信心。

东南亚经济的发展，带动了手机的普及。消费者在购物时大多数是使用各种手机 APP，虽然东南亚宽带相对比较落后，但是移动网却发展神速，几乎是从 PC 互联网时代大步跨进移动互联网时代，加上东南亚 40 岁以下的年轻人居多，网购流行，而且东南亚用户垂直度高，黏性大。从社交媒体引流来的订单，是平台重要的流量来源。

3. Lazada 的入驻条件

Lazada 也与其他跨境电商平台一样，欢迎有实力的企业入驻，入驻的企业可以是我国内地公司也可以是我国香港公司，但都需提供营业执照。Lazada 看重卖家经营经验，要求企业必须曾经从事过跨境电商平台等相关业务，这点与其他平台不同。Lazada 特别欢迎那些经营种类多、销量高、评价好的优质跨境电商企业加盟。

2.2.3.2 Shopee

1. 平台简介

Shopee（虾皮）的前身是以电子娱乐平台起家的新加坡集团 Sea，2015 年，Sea 推出 Shopee，仅仅两年时间，即 2017 年就发展为东南亚最大的电商平台并在同年上市，成为首家在纽交所上市的东南亚互联网企业。

2. Shopee 的平台特点

与一般的跨境电商平台相比，Shopee 非常看重中国市场，并与深圳、上海、厦门、杭州等多个城市有深度合作，2016 年就在中国设有 SLS 深圳仓和 SLS 义乌仓，货物最快三天送达东南亚市场，为东南亚电商物流提供用时最短花费最低的解决方案。

Shopee 的风格近似于国内的淘宝，对中国卖家来说有着天然的亲近感。其利润率并不高，但是出单率很好。由于只能在移动端使用，因此社交属性明显，需要卖家注意粉丝的积累，提高粉丝黏性。而且 Shopee 完全是免费的，卖家可以使用上面的原生广告，也可以付费使用广告，潜力很大，尤其是在新马泰地区有着旺盛的需求。

3.Shopee 的入驻条件

企业和个人账户都可以申请 Shopee，但如果是个体户，首站只能在我国台湾地区申请，如果是企业执照则可以在马来西亚和菲律宾中任选。

此外，需要提供法人身份证原件照片以及从事的其他电商平台的店铺链接，还有三个月内线上电商平台订单的流水。

2.3 平台入驻全流程

2.3.1 跨境电商平台入驻流程梳理

不同的跨境电商平台入驻的具体要求不同，但总的流程基本类似，都要经过平台调研、自我条件审核、材料准备、选择合作的保税仓以及支付机构、注册申请、企业产品备案、上架产品、注册完成等过程（如图2-8所示）。

值得一提的是，跨境电商入驻资质视卖家当地情况而定，但也要满足以下条件：一是《海关注册登记证》，二是《企业法人营业执照》等合法经营证件，三是物流企业与跨境电商企业合法的合作协议，四是跨境电商企业的交易平台等相关审批文件，五是海关需要的其他资料。

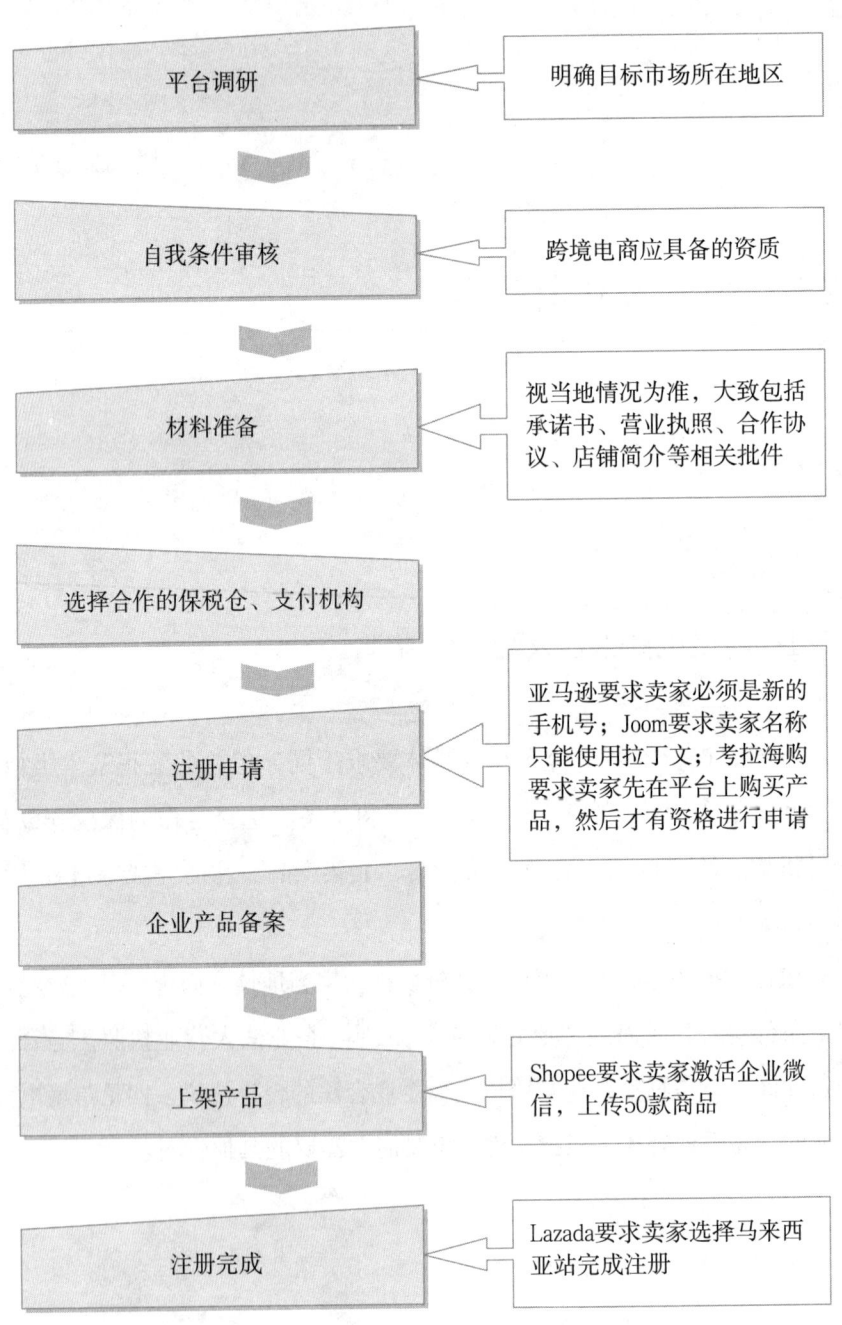

图 2-8　跨境电商平台入驻流程梳理

2.3.2　不可不知的平台入驻事项

在十大常见跨境电商平台中，每个平台入驻的时候都有自己独特的要求，卖家申请入驻的时候需要注意规避风险，提高入驻通过率。下面，我们就来分别看一下这些平台在各自的常规入驻流程之外，还有哪些独特的要求。

在国内跨境电商平台里，以阿里巴巴国际站最为独特，因为它需要阿里小二上门考察，类似于国内的信用卡申请，因此要有足够的企业资质才能增加成功率。全球速卖通需要卖家拥有企业支付宝进行支付，考拉海购则需要卖家先在平台上购买产品，才有资格进行申请。只有京东国际除了正常申请程序外，不做额外要求。

在欧美跨境电商平台中，亚马逊平台要求申请入驻的卖家手机号不能在亚马逊平台卖家系统出现过，必须是新的手机号；Joom 平台要求卖家名称不得设置与知名跨境电商相同或相近，而且卖家名称只能使用拉丁文；Wish 平台看重卖家运营经验，要求添加 Payoneer 卡，最关键的一步是验证店铺。eBay 平台要求用大型电子邮件服务商提供的邮箱作为注册邮箱，选择中国选项后会自动跳转到我国香港平台填写注册表单，用信用卡和中国手机短信确认卖家身份。

在东南亚跨境电子商务平台中，Lazada 平台要求卖家选择六大站点中的主站马来西亚站完成注册，卖家信息注册的时候要使用全英文，公司名称和 Payoneer 卡公司名称保持一致。账户成功激活后要进行开卷考试，绑定 Payoneer 卡账号和除了越南之外的五个站点，还要有至少一个 SKU 通过审核的硬性指标。Shopee 平台申请相对简单，但也要企业微信激活后上传 50 款商品，才能完成注册。

第 3 章

店铺装修,吸引用户更要广泛引流

很多跨境电商的从业者认为只要入驻了知名的跨境电商平台，用户就会增多，商品售出率也一定会跟着水涨船高。殊不知，在当今的外贸市场浪潮中，平台大并不一定意味着能吸引到的消费者就多，因此要想在同质化的商品中杀出重围，吸引用户，必须要在店铺装修、引流等方面多花心思。

对于跨境电商卖家来说，简洁美观的店铺装修能为客户留下良好的第一印象，有效的引流方法能为店铺带来可观的订单量，用心运营，才能在跨境电商的众多卖家中脱颖而出。

3.1 店铺设计应该关注的那些点

为了吸引更多的消费者，我国跨境电商企业通常都很讲究店铺装修，如电商平台巨头淘宝速卖通就很在意店铺设计。下面我们来深入了解一下跨境电商旺铺装修的那些事儿，分析一下跨境电商店铺设计应该关注哪些方面。

3.1.1 店铺装修色彩要简明和谐

首先，以全球速卖通平台为例，卖家在后台进行登录，然后进入店铺页面，找到"店铺装修及管理页面"。在PC页面装修里面有两大板块，分别是店铺首页和品牌故事页的装修。品牌故事的目标是从讲好产品故事的思路出发，对消费者进行品牌方面的推广，仅对官方品牌店铺开放。对于普通买家来说，打开手机移动端进入页面，看到的是"无线店铺"。"装修市场"则是第三方为卖家提供的付费装修平台，卖家可根据店铺风格及预算自由购买。

进入PC店铺，打开装修页面后，有全球速卖通平台自带的基础设计平台。其实基础设计如果利用得好，已经可以初步搭建出店铺装修的框架。基础设计的模块包含店铺招牌、图片轮播、收藏店铺、自定义区域等主要部分。如果是第三方模块，比起系统模块来要更胜一筹，还包括新品上市和限时导购、自定义模块、分类导航等。配色方案也有湖蓝、蓝、棕、红四色，基本满足了国外客户的喜好和需求。

店铺装修的配色方案需要简明和谐，不要像个打翻的颜料盒一样过于缤纷和随性，而是要与品牌基色和产品的主色调一致。跨境电商的页面布局大多简洁明了，便于操作，板块之间布局如果需要改动，只需鼠标轻轻点住，之后拖曳到合适的地方即可。

3.1.2 店招模块需大方醒目

店招是一个店的招牌和门面，也是店铺装修的灵魂所在。首页的装修界面上方是店铺装修环节中最重要的部分，店铺的核心信息如店名、logo、店铺收藏和主营产品等，都会以醒目的色彩标注后放在店铺首页装修页面的最上方。

每个店铺只能有一个店招，店招的参数也很容易获取，只要把鼠标光标放在店招板块上，单击右上角出现的"编辑"按钮，就能读到相关的规格参数。

店招板块有着严格的规定，譬如高度是100~150px（像素），宽度是1200px，图片大小则要控制在2MB以内，可以加一个首页、产品或者单一产品的链接进去，这样的设置可以让店招更有设计感、更美观。店招上还可以将店名、公司名和产品信息等资料都放置上去，还可以根据需要将首页、活动和产品链接交替使用，起到分别展示的效果（数据来源：易传识网络科技主编，丁晖等编著，《跨境电商多平台运营：实战基础》，2017）。

3.1.3 图片轮播模块要重点耕耘

跨境电商的从业者成千上万，消费者浏览一个店铺的时间或许只有短短数秒。因此，商家要抓住这难得的时间，最大限度地展示自己的优势，让客户有兴趣点击进来，形成交易意向。

这时就需要用图片轮播模块进行产品展示（如图 3-1 所示）。

图 3-1　电商网页图片轮播展示示意图

商家精心选择主打产品的广告图，以轮播的方式在页面上进行动态展示。这种方式简单生动，用商品说话，吸引目标客户。

以全球速卖通为例，图片轮播模块的图片最多只能选择五张，因此需要商家在成千上万的产品图中精心选择。每张图片还能带上一个产品的链接方便购买，对于商家来说，是非常珍贵的商品主打领域，值得用心耕耘。

3.1.4　商品推荐模块要准确清晰

这个模块相当于实体店铺的橱窗，起到商品的陈列展示作用。跨境电商的商品推荐模块大同小异，这里以全球速卖通为例。每个店铺有五个商品推荐模块，每个模块可以展示20个商品，可以分成4～5行进行展示，每行有相应的产品。商品推荐模块要用心、准确地寻找到最能展现店铺魅力和产品属性的商品，清晰地陈列在页面上，让消费者有更多的选择，从而实现更多的成交额。

商品推荐模块里，有自动和手动两种方式可供选择。如果选择自动，系统会在发布产品中选择符合条件的商品自行展示。

对于刚刚从事跨境电商的新手来说，选择自动模式较为稳妥。但对于多年的跨境电商从业者来说，自动模式的选择较少，不利于个性化的店铺展示，因此有经验的从业者也可以选择自动模式，尽可能地多展示商品。

3.1.5　用户自定义区域要令人耳目一新

在跨境电商的平台网站中，店铺总共可以设置六个自定义区域模块，每个模块字符不超过五千。模块上方输入标题，下方插入文字或图片，配合切片工具和编写代码，把代码敲入源代码区域，展示效果就制作完成了（如图3-2所示）。

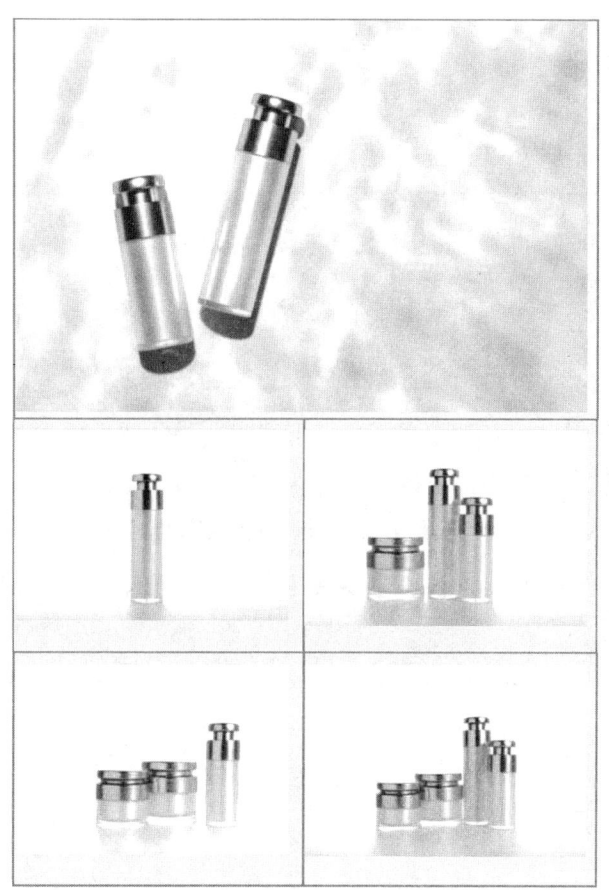

图 3-2 同类商品推荐展示示意图

自定义模块中可以放入产品、图片、文字,也可以插入链接,让每个商品的详情都能更真切地在页面上得以展现,这也是卖家的一种营销手段。以亚马逊为例,跨境电商的用户自定义区域参数大同小异,可以设置在页面左侧,也可以设置在右侧,宽度都限定为 960px,高度虽然没有具体限制,但都控制在 1500px 左右,这样才能够达到最佳效果。

 指│点│迷│津

店铺装修应明确风格

对于很多跨境电商企业和个人从业者来说,产品为王是永恒的真理,但是店铺的装修也很重要。跨境电商平台要想成功,首先要有一个漂亮的店铺作为产品的载体,不能简单介绍产品,而是要将其放在视觉效果之中,重视整体视觉效果的调和。

一般来说,国外消费者大多崇尚时尚简约的风格,因此进行店铺装修的时候,图片和海报不要太追求夸张的视觉效果,应以浅色调为主。

3.2 精美图文，吸引顾客有诀窍

一个风格独特并有着独特内容输出的店铺，必然连带着一个图文并茂的视觉设计。精美的图文，并非单纯为了审美需要，更是为了促销，因此需要传递出足够准确的信息，这就需要满足以下几个方面。

3.2.1 根据销售需要选择图片

如果是用于商品和品牌宣传，需要选择品牌属性比较突出的、图片色彩度和饱和度高并且视觉冲击力强的图片，但如果只是出于促销考虑，则要挑选饱和度较低、给人亲切感强的图片。

中外文化属性并不相同，因此可以从国外网站上浏览一些国际时尚品牌宣传图片和促销图片，研究其配色和设计感，一定要根据具体需求进行选择，不要试图面面俱到，只要精准地符合某一类人群的喜好即可。

3.2.2 注意文字布局

信息碎片化时代，人们对于读完一段文字有着天然的抗拒心理，因此卖家不会逐字逐句地阅读网页内容，而是会按照"F"形阅读习惯进行阅读。

开始的时候，视线通常是呈水平状横向阅读，然后逐渐开始下移，相比第一步范围区域逐渐缩小，然后再朝向左侧进行垂直阅读。这样的阅读规律，就形成了一个"F"（如图3-3所示）。商家在设计的时候，一定要把最重要的内容都放在左侧。

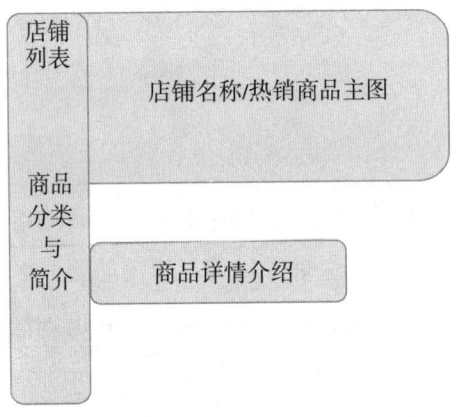

图3-3　跨境电商店铺网页"F"形布局示意图

不可忽视的图文推广

胡杨在亚马逊平台上做珠宝生意，他有自主品牌，所生产的珠宝时尚简约、价格适中，但是销售量却始终不佳。胡杨向很多人请教，自己也对比其他亚马逊同行，终于发现了问题。那就是胡杨过于注重自己的产品品质和研发，忽略了那句老话"酒香也怕巷子深"。对于珠宝这样的高端产品，也要以高端的方式进行销售。

发现问题的症结后，胡杨花重金找来模特，为珠宝产品拍摄了新的广告图和视频，并且重新装修了店铺。这样一来，店铺的浏览量大幅上升，也促成了多笔交易。好的图片，不但让胡杨吸引了大量目标客户，彰显了店铺魅力，还增加了与很多大客户接触的机会，为自己争取了更多订单。

3.2.3 页面简洁流畅

国外消费者大多崇尚简洁的生活，因此网站的详情页和产品列表应尽量简洁。除了展示图片、商品名称和价格，再加上几句简要介绍之外，便无须其他的修饰。因此，页面的文字描述也要尽量简洁，用最简练的文字表达最核心的内容，然后配以适当图片。

除了要求图文并茂之外，页面的布局也很重要。国外消费者很注重视觉的对称性，同样的商品，由于陈设的时候没有对齐，效果可能就大打折扣。对齐的范围除了包括图片和文字对齐之外，同类产品也要对齐，这样可以显得整齐划一，不会给人杂乱无章之感。

3.2.4 使用规范化的图片

跨境电商面对的是全球的用户，电脑环境千差万别。选择图片的时候，要保持较高的清晰度，因此图片需要存为 web 格式，确保客户能打开。产品不同，图片品质也可以适当调整，要根据不同的商品展示，选择不同的清晰度。除了图片要规范化使用外，图片命名也需要规范化，便于消费者快速查找图片。

logo 的规范使用也很重要，不同的设计师往往会根据自己的喜好放置 logo 的位置。有的放在图片的上方，有的放在图片的下方，甚至会使用不同版本的 logo，尺寸也不同。这些不同的图片放在一起，会对整体的观感造成影响，因此要统一 logo 的使用。

3.2.5 重视广告图设计

好的广告图设计，直接影响消费者的点击率和商品的转化率，因此产品主图、直通车推广图和海报图都是需要重点考虑的对象。

最能一目了然地体现出商品独特属性的主图设计，一般分成三种。

第一种是白底主图，这种清爽简洁、虚化边框、分散注意力的背景，突出主题，视觉干净通透。白底是很多跨境电商平台所要求的，比如亚马逊平台就要求必须选择纯白色的背景作为主图。

第二种是采取边框主图，这样在白底网页上更加鲜明突出，可以增加点击率。

第三种是背景主图。这种主图的应用很考验商家的审美和制图能力，产品和背景搭配很容易影响整体布局的美观。

3.2.6 好的海报能够画龙点睛

全屏海报是很多商家喜欢的设计风格，但是缺点是小电脑屏幕用户不能看到全貌，只能看到中间部分。

因此，要用到全屏海报的时候，需要把图文都限制在页面中间，确保无论是什么尺寸的显示器，消费者都能看到全貌。

海报构图大多采取三分法和九宫格。三分法是横向把屏幕分成三份，主体放在三分之一处。九宫格则将屏幕九等分，主体放在四条线的交汇处（如图 3-4 所示）。

图 3-4　三分法与九宫格构图

海报的文案也很重要。海报文案一般文字不多，分成主标题、副标题和说明文字三类。

主副标题字号大小需要三到四倍的差距，同时不同文字间需要对齐，无论使用哪种对齐方式，都要极其考究严谨，细小的失误也会在讲究设计感的海报上被放大无数倍。海报是最讲究图文并茂的，好的文字排版将整体提升画面的质感，进而提升整个店铺的美感。

 指|点|迷|津

店铺图文设置的五大弊端

很多商家在进行跨境电商的店铺装修时，往往好大喜功，这个也想放进去，那个理念也想呈现出来，以至于眉毛胡子一把抓，面面俱到没做到，风格却成了大杂烩。总体来说，常见的五大弊端如下。

第一，主体过多，没有围绕中心进行选择，以至于重点推介的产品被湮没在一片花花绿绿之中，失去了推广意义。

第二，画面杂乱无章，主体的存在感被冲淡和稀释了。

第三，图片太暗，背景阴沉，主体模糊。

第四，图片没有按照正方形设计，图片比例不一。

第五，描述语言过多，不但掩盖了主题，也容易招来客户的反感。

3.3 发布你的第一个产品

店铺装修完毕，下面就开始切入跨境电商的主题，也就是上货环节。要发布第一个产品了，跨境电子商务运营自此也就进入了产品管理的新阶段。那么，产品发布管理需要注意哪些内容呢？

3.3.1 标题要简洁

跨境电商产品的基本信息和国内电商大同小异，但表述方面却有很大不同。跨境电商的标题 product name 直译成产品名称，和人们理解的产品标题有很大差别。

对于 product name 选项，Wish 平台只希望填写产品名称即可，而不是如同国内电商那样，有一连串的关键词，共同组成一个或劲爆或唯美的长标题。

跨境电商的大多数商家都仅仅把 product name 理解成产品标题，按照官方推荐的产品名称＋三个关键词属性＋产品类型的方式去填写。这里需要注意的是，产品名称要力争精准简要地描述上架产品，标题后面可以加上 size 这类产品类型的词汇，但不要加各种毫无意义的符号，比如 new、cheap 之类的词，国内电商可以添加，但在跨境电商中却被严禁使用。

3.3.2 描述要准确

　　用英文进行产品描述时，内容限制在四千个字符之内。但在初始的移动端页面上，只显示前 250 个字符。描述时不能带有任何代码，也不能出现店铺信息和店铺特定语言及多行信息，换行字符容易导致文件出现问题。对于服装类产品来说，尺寸、大小和合身程度等细节都要详细描述，有利于消费者了解商品。

　　值得注意的是，要是产品数量单位比较特殊，要特别注明，譬如一对、一箱等，在描述的最前面的位置要展示出产品的独特性，方便客户了解。物流信息无须在描述中反复提及，叙述文字较多时，可以多配图，把文字进行分解，扩大留白，这样会更加美观。

3.3.3 善于利用标签

　　标签是源文件里面的关键词，使用标签有助于给产品分类，也能更好地描述产品，从而便于用户查找。不同的标签之间要用英文逗号进行分割，标签越多，被客户查找到的概率越大。不过，每个产品的标签上限只有十个，超过的部分会被后台自动忽略。

　　填写标签的时候，会弹出多个标签以供选择，用鼠标选择并单击确认即可。

如果需要添加系统里没有的标签，选择 create new tag：×××，然后进行确认即可。

Unique ID 是仅限商户内部标注商品的唯一 SKU 编号。这里所说的 SKU 包括三大概念，即品类、编码和单位，也就是人们常说的最小品类可用单位，譬如男装中灰色 M 就是一个 SKU。SKU 大多在商家内部使用，故而编写的自由度很高，因此要加以规范化，以免引起混乱。

3.3.4 编辑主图和副图

产品图片由主图和副图两个部分组成。

主图往往是第一个图片，多是正方形，大于或等于 800px×800px。一般通过本地计算机或是网络地址上传。如果网络条件一般，可以采取网络地址上传的方式，信号会更加稳定，也可以用百度网盘、QQ 空间相册等多种方式进行上传。上传的时候，图片大小要适中，最好控制在 150KB 左右，大于 500KB 很容易造成传送失败。

主图之外的图片被称为副图。副图只能上传 10 张，图片上传成功后，在手工更新产品页面还可以额外补充十张，对产品进行全方位展示。如果采取本地计算机上传方式进行上传，要是图片出现错误或不能正常显示，这种情况大多由于网络异常所导致，这里推荐使用跨境电商专用的 ERP 系统进行图片上传，这样能够有效减少由于网络异常而造成的上传失败。

3.3.5 选择恰当的颜色

在产品发布前，卖家往往需要根据发布产品的主色调来选择并搭配符合产品主题的背景颜色。

跨境电商平台通常会为卖家提供多种颜色，供卖家自由选择，但是商家不能选择平台颜色库中没有的颜色，也不能自定义颜色。颜色不是必选项，如果是无色商品也可以不选。如果一个商品本身有多个颜色，选择其中最具代表性的颜色即可。

3.3.6 标注准确的尺码

外码和我国的尺码存在着细微差异，但总体来说差不多。作为产品规格描述，尺码包括服装、床品、自定义和其他等27个选项，由客户自由选择下单。

3.3.7 产品变量

填完尺码后，有个产品变量的材料需要填写。平台上的产品可能是由多个个体（产品变量）组成，这里的产品变量（尺码或颜色），包括SKU、售价和库存，每个尺码都有与之对应的SKU，颜色不同，价格和库存也都有所不同，因此需要填写产品变量。

由于世界各国尺码标准不同，服装的尺码也会存在差异。

以Wish平台为例，Wish平台在面向不同国家销售服装之前，会先把尺码转化为销售国的通用尺码，商家也会优先选取国际标准码或是欧码，如果是中国码，则要转化为欧码和国际标准码。要是后台规格中没有对应的尺码，则可以进行自定义选择。

这里必须要提醒跨境电商卖家的一点是，在商品信息编辑中，商品的尺码不是必填项，可以不填。但是如果有尺码不一致的情况下，商家要在图片或描述中阐明这一点，以免由于尺码不匹配而产生退货退款等问题。

3.3.8　可选信息的填写

选填内容包括建议零售价（如 MSRP，Manufacturer Suggested Retail Price）及品牌等。自主品牌可以选择填或不填，通用产品代码 UPC（Universal Production Code）是构成店内条形码的重要条码，需要产品所有人申请办理才能使用，因此并不是必填内容，具体则需要根据平台要求进行填写。

3.3.9　产品的下架和上架

以 Wish 平台为例，Wish 平台的卖家账户中，在产品列表里，先勾选"已启用"显示所有销售产品。如果选取"已禁用"，则可以查看已下架的产品，通过这种方式，商家可以随时了解产品出售的状态，并适时进行补货。

3.4 重视引流但不限于引流

做跨境电商，引流是少不了的，但是在引流之外，也有其他的方法可以帮助我们尽早打开跨境电商销售路径。下面就以亚马逊平台为例，讲解如何在引流之外，获取撬动财富杠杆的渠道。

3.4.1 如何快速吸引消费者眼球

亚马逊平台的店铺售卖有一整套完整和程式化的工序，卖家很难对自己的产品进行个性化的展示，因此难以脱颖而出。那么，亚马逊卖家应如何破冰呢？

3.4.1.1 获取"专属"的标签

对于很多消费者来说，一旦商品被打上了"专属"标签，那么就很容易引起消费者的好奇，消费者会不自主地多浏览几秒或点击商品查看详情。因此，从卖家的角度来说，给商品设计"专属"标签至关重要。

以亚马逊为例，亚马逊平台与其他电商平台不同，卖家自己展示的空间是非常狭窄的，要想获取高星级只有一个办法，就是为买家提供优质的服务。而对于商家来说，多花钱就能买到好服务的评价，无疑也是划算的。而对于买家来说，为了获取优质服务和保障，消费者们乐意买单，尤其是亚马逊平台的配送服务，就是为这些愿意为高质量服务买单的买家准备的。亚马逊平台配送不但能为商家解除配送方面的后顾之忧，更能获得"提供亚马逊高质量服务"的标签，吸引更多优质买家，不仅为消费者提供购物指南界面，更为买卖双方在交易过程中遇到的问题提供售后服务。

卖家星级评定方式是亚马逊平台根据买家的评价再综合其他因素给卖家打分并评出星级。卖家提供优质服务，买家会愿意为你贴星，这样可以提升你的店铺等级。

3.4.1.2 为买家提供详细信息

在亚马逊平台，买卖双方很少交流，但也不是绝对零交流，因此要是遇到买方跟卖方主动交流的机会，就要及时把握住机会。

以二手商家为例，很多买家由于预算或者个人爱好考虑，很乐意购买二手物品。而二手物品不同于全新商品，买家需要与卖家进行充分交流。买家在决定购买之前，往往犹豫不决，对商品状态价格斟酌再三。而卖家此时就要抓住时机，详细描述商品详情并上传图片，如实描述，如是否有破损、功能是否完好、有无标签、有无原包装之类，让买家对商品有更详细的了解，以细节动人，以品质取胜。

3.4.1.3 不一味地追求爆款

很多卖家热衷于卖爆款，认为爆款能够带来高成交量和高利润，问题是有这种想法的大有人在，因此爆款卖家也是车载斗量，竞争格外惨烈。而对于一个小白卖家来说，刚刚接触跨境电商，既没有亚马逊平台的配送服务，更没有黄金购物车，想得到大把流量，无疑是痴人说梦。

在这种情况下，卖家要想脱颖而出，就要想办法上架买家感兴趣的冷门产品，这里的冷门不是说东西卖不出去，而是由于受到天气和环境等外部因素影响，卖家很少销售的产品。此类产品价格低廉、性能完好、深受买家喜爱，而且卖家又少，很容易脱颖而出。

3.4.1.4 抓住提供卖家信息的机会

在跨境电商交易前，卖家要与买家进行充分的沟通，为自己的商品撰写文案，让买家获得足够的商品信息，最终实现交易的完成。但是亚马逊平台本身并没有提供多少让买家了解卖家的机会，卖家可以在"Store Settings"提供自己的logo，或者在"Account Info"添加店铺和商品的链接，让买家能够顺藤摸瓜找到自己，缔造更多了解彼此的机会。

3.4.1.5 提供其他渠道的销售信息

在亚马逊平台上，卖家除了展示本平台的售卖信息外，还可以将发布在其他销售渠道的信息也展示出来。因此，新卖家通过罗列其他的销售渠道，可以塑造一种"大卖家"的形象，很容易吸引客户的眼光。卖家要突破平台的局限，想办法与买家多做交流，并且不断开发新的单品，找到独家货源，拒绝跟风卖爆款。

3.4.2 如何快速获取黄金购物车

一些跨境电商网站为了鼓励新手卖家尽快适应平台运营，并能顺利销售商品，会为新手卖家提供很多运营便利，以亚马逊为例，黄金购物车正是亚马逊平台为电商卖家提供的良好运营机会和方式。

3.4.2.1 占据黄金购物车

所谓的黄金购物车，就是黄金席位，即 Buy Box。亚马逊平台在每个发布的商品中都会选择一位卖家，赋予其 Buy Box 的位置，一旦得到黄金购物车后，该卖家的订单与关注就会源源不断。

黄金购物车在非常扎眼的位置，能轻而易举地得到买家的关注，要是卖家能得到黄金席位，产品自然会在众多商家中脱颖而出，日进斗金。

有人说在亚马逊平台，超过八成的交易是通过黄金席位黄金购物车完成的，这也是亚马逊卖家为什么对黄金购物车如此痴迷的原因。

3.4.2.2 快速获取黄金购物车

既然亚马逊平台的黄金购物车能够抢到无数订单，黄金购物车自然也就成为卖家，尤其是新卖家争抢的对象。那么，新卖家如何获取黄金购物车呢？

获得黄金购物车，是要满足以下资格的。

首先必须有专业卖家账号，有些卖家为了省月租费，将专业卖家号降为个人号，这就失去了申请资格。

其次是账号至少运营两个月，表现良好，有产品销售记录，订单缺陷率在1%以下。这里的两个月的运营时长并不绝对，不是一定要运营两个月才能获得，也有人不到两个月就拿到了黄金购物车。订单缺陷率低于1%是很重要的衡量标准，因为一旦超过此标准，账号会受限，需要重新申诉。

亚马逊要求卖家销售的商品必须是全新的，这样一来，二手商品卖家便失去了黄金购物车的申请资格。还有一点就是发货，亚马逊平台重视商家产品的库存，无论选择哪种形式进行发货，都必须保证所售产品库存充足。一旦库存显示不足，客户购买体验大打折扣，甚至为此退货退款，商家获得黄金购物车的概率自然也会降低。

运营案例

> 由于客户违约，小美手里一下子有了将近十万套家居产品库存，为了消化掉这批库存，小美注册了亚马逊平台做跨境电商。这批货由于设计精巧、质量精湛、价格合理，很受国外消费者欢迎，十万套产品很快销售一空，库存消化完了之后，亚马逊的订单依然源源不断。小美也找到了工厂加工，依托亚马逊平台的巨大销量，为自己找到了新的致富途径。
>
> 小美的成功之处有三点，除了她有成熟的产品供应链之外，还得益于她对电商运营数据及调研数据的准确分析，分析市场走势，进行精准选品。而小美作为老板，自己亲自参与运营，了解平台规则和运营要点，也能精准做好产品定位和规划，组建一支高效的团队，老板亲自冲锋，对底下的员工也是一种激励。

第 4 章

独运匠心，让产品在千万商品中脱颖而出

随着电商行业的日益发展以及物联网时代的到来，用户的选择可谓是千千万万，而你的跨境电商店铺要靠什么吸引用户，让用户买单？

当前的各类跨境电商商铺，无不十分注重自身的产品、宣传推广、物流体验、库存情况及服务与客户体验，要想做好跨境电商，这些方面缺一不可。用户的认可及口碑就是店铺最好的广告，而要想得到用户的认可，就必须关注产品选品，重视产品与服务的优化，这样才能让你的产品在千万商品中脱颖而出，才能抓住用户的心。

4.1 选品：了解市场、冲击市场，用产品说话

4.1.1 选品应基于这些原则

在跨境电商的运营中，产品的选择对店铺发展及收益有着巨大的影响。优质的产品易于得到用户的认可，从而为店铺带来十分可观的销量；还能提升店铺的整体评价，从而提高店铺的核心竞争能力。可见，产品是跨境电商运营成功的核心，选品至关重要。

作为卖家，在选品的过程中，不能只根据个人的喜好来选择产品，也不能只依靠个人的直觉来判断产品的好坏，选品应该是一个客观并且有逻辑的过程，在选品之前，应该做好市场调研及数据分析，并将其结果作为客观的指导依据。

一般来说，选品需要遵循以下三个原则（如图 4-1 所示）。

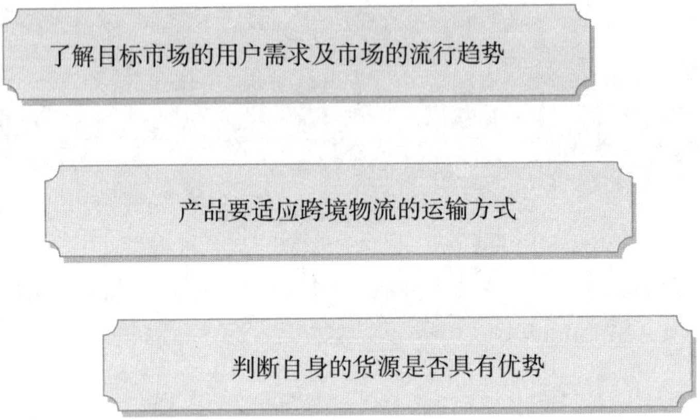

```
┌─────────────────────────────────┐
│ 了解目标市场的用户需求及市场的流行趋势 │
└─────────────────────────────────┘

      ┌─────────────────────────┐
      │ 产品要适应跨境物流的运输方式 │
      └─────────────────────────┘

            ┌─────────────────────┐
            │ 判断自身的货源是否具有优势 │
            └─────────────────────┘
```

图 4-1　跨境电商的选品原则

4.1.1.1　了解目标市场的用户需求及市场的流行趋势

生活在不同国家和地区的人，他们的生活习惯、文化习俗及购物习惯都是不同的。就像吃粽子一样，南方人喜欢吃咸粽，北方人则喜欢吃甜粽，买东西亦是如此，同一件商品不可能在所有的国家和地区都受到欢迎。

比如，泰国一年当中最低的气温也有20℃，那么往泰国出售大衣和羽绒服就不合适。再比如，欧美国家的人一般身材都比较肥大，售往这些国家的服饰就应该比售往亚洲国家的服装大几个尺码。所以，在选品之前，应当仔细研究目标市场的购物特点、买家的购物需求及消费习惯，充分了解当地的流行趋势。等弄清楚这些之后，再进行选品。

4.1.1.2　产品要适应跨境物流的运输方式

通常，跨境电商的物流运输时间都比较长，而且不确定性因素也很多，所以在选品时，也要将物流因素考虑进去。不同国家和地区的物流运输时间和效率相差比较大，物流速度快的可能一个星期左右即可到达，但物流速度慢的可能需要十几天，甚至一个多月才能到达。在这样漫长的运输过程中，商品很有可能会因受到挤压、用力抛掷而导致破损，在过海关的时候，可能还会遇到扣关等情况。

因此，跨境电商在选品的时候，一定要充分考虑跨境物流在运输过程中可能出现的种种情况，要对产品的保质期、耐挤压程度、产品的质量是否受温度影响等方面进行全面的考量。

除此之外，物流运费也是需要考虑的一个方面。跨境物流的运费通常比较高，所以在选品时，产品所需要的运费成本是否在自己的可承受范围之内也是商家需要重点考虑的因素之一。

4.1.1.3　判断自身的货源是否具有优势

在选品的时候，考虑了目标市场及物流运输因素之后，还要考虑货源因素。在选品之前，可以问自己这样一个问题：我自身是否具有货源优势？运营跨境电商，寻找货源是至关重要的一环。

如果你是没有经验的初级卖家，那么你所在地区成规模的产业带或者大型的批发市场就是不错的货源，但如果没有这样的资源，就可以选择去网上寻找货源。

如果你是有一定经验的成熟卖家，那么相信你已经具备了对商品最基本的判断能力，能够判断哪些商品的市场接受度比较高，这样你就可以选择自己比较有把握的商品，从而寻找工厂货源，进行稳定的供货。

如果你有丰富的经验和充足的资金，那么你就可以自己尝试研发新商品。在大量生产商品之前，可以先进行预售，如果该商品能够被市场广泛接受且预售效果较好，则可以大批量生产，这样就可以有效地减少库存及资金压力。

4.1.2　选品应符合这些逻辑

了解了选品的基本原则，在选品的实际操作中，要符合一定的逻辑，具备清晰的思路，理性、富有逻辑地进行选品。

4.1.2.1　商品的广泛性

对于跨境电商的商家而言，广泛性的思维是必不可少的，选品的时候不能将思维和目光仅仅局限在某一类商品之上。

在选品之初，就应该拓展思维，广泛地了解各种各样的商品，在众多的商品中挑选出最适合自己的商品种类，这样才能事半功倍，更好地开展跨境电商的运营工作。

4.1.2.2　商家的专业性

通过广泛性的思维，对比分析各类商品，找到适合自己的商品类目之后，接下来就需要提高自己在该类目方面的专业性。如果你自己都对所销售的商品没有一个专业的认识和了解，又怎么能够向买家介绍和推销自己的商品呢？对产品类目的专业认知，是一个跨境电商卖家在选品时要做的最基本的事情。

4.1.2.3 精选商品

在对于自己所经营的商品积累了一定的专业知识之后，你对商品的理解也会变得更加深刻，此时，你要做的就是对商品进行仔细挑选，在选定的商品类目下，精选出那些更适合自己、效益更高的商品。

4.1.2.4 敢于坚持

对于跨境电商来说，选品是一个长期的过程，它始终贯穿于整个店铺的运营，是运营过程中最基本也是非常重要的一个环节。因此，在选品时，万万不能抱有一劳永逸的想法，商品的更新、迭代及换新都是最平常不过的事情。应该把选品看作一件日常的事情，在精选爆款商品的同时，也要开发有售卖潜力的趋势款商品。

4.1.2.5 分析数据

在刚开始选品的时候，你可能更多的是依靠自己的直觉或者一些比较基础的商品分析。但是，等店铺发展到了一定的规模，你也积累了足够的经验，在运营及选品方面也有了一定的专业度时，你就应该对整个行业进行分析，需要对所有的商品有一定的了解，然后借助分析工具，进行大数据分析，分析结果可以帮助你挖掘一些热销的但你之前未曾注意的商品。

指|点|迷|津

跨境电商选品的几种方法

选品不能按照自己的喜好,盲目判断,而是需要以一定的原则及逻辑为基础,除此之外,跨境电商选品还需要一定的方法。下面这些选品方法,可以帮助你更好地选品。

1. 差评数据分析法

差评数据分析法就是通过抓取平台上商品的售卖数据来提取商品的差评数据,分析买家对商品不满意的方面,从而在选品的时候避免类似的问题。

2. 行业动态分析法

行业动态分析法就是从行业的角度出发,了解国内制造的商品主要售往哪些国家和地区,分析目标市场。这种方法可以对选品提供重要的指导意义。

3. 组合分析法

用商品组合的思维来分析选品,就是组合分析法的基本核心原理。在选品时,可以将商品分为三部分——核心商品、爆款商品及基本商品,三种商品的比例可以设置为20%、10%及70%。20%的核心商品可以用来获取高额利润;10%的爆款商品可以用来获取流量;70%的基本商品则可以用来配合销售。跨境电商卖家在选择商品时,应该兼顾各种不同的目标用户,了解不同用户的特点及购物需求,商品的质量及价格都需要有一定的差异和梯度,这样才更加容易吸引不同的用户群体。

4.2 推广与优化：聪明的电商这样做

4.2.1 跨境电商的主要推广方式

推广是跨境电商运营过程中必不可少的一个环节，只有通过有效的推广获得高流量，才能让买家了解你的店铺和商品，才能让用户为你的商品买单。而店铺和商品推广需要一定的方法，下面这些推广方法，可以帮助你更好地宣传和营销商品，让你获得更大的收益。

4.2.1.1 抓住平台推广活动的红利

每年国内的各大电商平台都会营造很多营销节点及购物节，跨境电商平台也一样。针对国外的"黑色星期五""圣诞节""感恩节"等，平台都会策划不同的推广活动，充分利用好这些节点，紧跟平台的营销节奏，参加平台的推广活动，是比较有效的一种推广方式。

通常，跨境电商平台在大促活动之前，都会吸引商家参与活动报名，商家只需要按照平台的报名流程进行报名即可。图4-2是速卖通平台详细的活动报名流程。

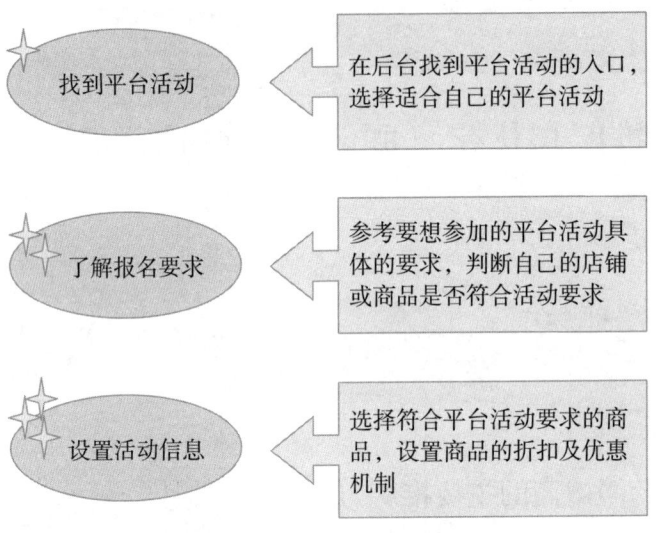

图4-2　速卖通平台活动的报名流程

对于电商卖家来说，平台的大促活动是不可多得的营销机会，如果你想抓住平台的大促机会，利用平台的推广给店铺带来收益，那么就必须做好以下三方面的工作。

首先，明确平台的活动要求。不同的平台大促活动，报名要求也会有所不同。在报名之前，你可以去平台活动的详情页查看相应的活动要求，确保自己的商品能够满足平台的要求。

其次，确定好平台活动的审核时间。平台的大促活动一般都会有一定的审核时间，用以审核商家是否满足活动要求。报名活动之前，你应该确定好审核时间，避免错过时间而无法通过审核。

最后，做好商品优化。参加活动的商品图片要做到美观、清晰，介绍商品的详情页面要描述详尽、信息完整、设计美观。

4.2.1.2　自主策划营销活动推广

商家自主策划营销活动也是常用的电商推广方法之一，有效的促销活动不仅能提高店铺的流量，还能增加商品的曝光率，并且能提高商品的订单量。图4-3列举的是跨境电商常用的一些自主营销活动。

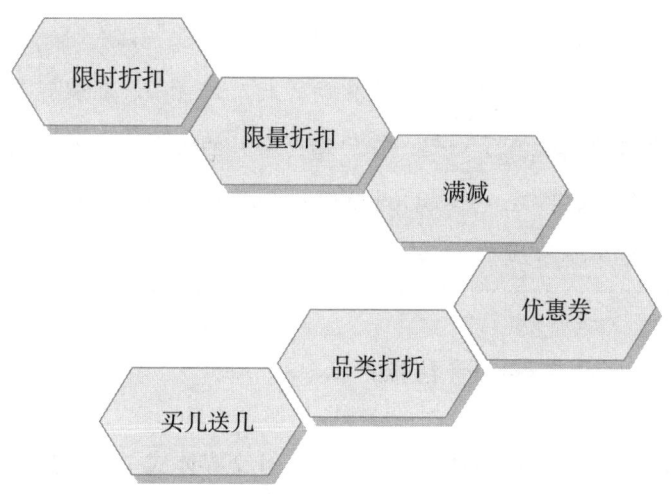

图4-3　跨境电商自主营销活动类型

巧用营销节点，实现收益翻倍

去年暑假，全球速卖通某店铺策划了长达一个月的店铺满减及满三赠一活动，达到了意料之外的销售效果。

> 该店铺主要售卖国产彩妆，商品包括口红、粉底、眼影等各类彩妆商品，受众定位为 20~30 岁的年轻女性。在暑假来临之际，店铺策划了大型的营销活动，部分商品满三赠一，部分商品满 300 减 40。
>
> 店铺充分抓住了国外年轻女性，尤其是国外大学生的审美和需求，选择促销的商品全部是具有中国特色的国产彩妆，商品的包装、宣传视频及详情页的设计全部大量使用中国元素，让人眼前一亮，完美地利用了外国人对中国传统文化的兴趣及好奇心，把促销活动与宣传手段有机地结合在了一起。在为期一个月的活动中，店铺通过大力推广活动优惠、KOL（Key Opinion Leader）宣传商品，整体收益提高了 30%，订单量增加了 40%。

4.2.1.3　社交媒体营销推广

在当今这个自媒体高速发展的时代，社交媒体成了人们日常生活中获取信息的主要来源之一。在进行跨境电商运营的过程中，你可以在主要社交平台推广自己的店铺与商品，Facebook、Twitter、YouTube、Pinterest 及 Instagram 等国际主流社交平台都是进行商品推广的不错选择。

比如，一个卖中国零食的跨境电商，店铺里也在卖某网红手工制作的螺蛳粉、米粉及米糕等，店家在 Facebook、Twitter 和 YouTube 上上传了该网红制作食物的视频，引起了国外网友的兴趣及热烈的讨论，这几款商品及该店铺也受到了更多人的关注，销量也随之增加。

4.2.1.4　网红 KOL 推广

现在主流的媒体平台都有很多网红、带货主播及 KOL，你可以找一些适合自己店铺商品的 KOL，与他们进行合作，借助他们的影响力来进行推广（如图 4-4 所示）。

跨境电商卖家在寻找带货主播进行主播的时候，需要清楚：观看直播的观众是外国人，主播最好符合目标市场国家的买家的审美，外语要流利，能够用外语或者其他语言进行正常的交流，这样在介绍产品或者与观众互动的时候，才能得心应手，更加有代入感。

图 4-4　跨境电商的主要推广方式汇总

4.2.2　做好优化，客户自来

要想做好跨境电商运营，除了做好营销推广，店铺及产品的优化也是至关重要的一个方面。做好商品主图及详情页的优化，有利于提高商品的下单量及转化率。

4.2.2.1 做好商品主图的优化设置

每件商品的主图是吸引用户眼球的关键,可以说主图是商品的主要门面,它们不仅承担着展示商品主要信息的重要作用,还决定了用户能否被吸引从而下单购买商品,因此商品主图的优化设置是电商卖家务必要做好的一件事。

卖家在制作发布商品主图之前,一定要详细了解电商平台的规范要求,在拍摄和制作主图时,必须严格按照平台要求进行,否则将会影响商品在平台的曝光率及受推荐程度。

下面简要列举几个跨境电商平台商品的制作规范及要求。

1. 速卖通平台商品图的尺寸与规范

速卖通平台要求产品详情页的主图尺寸不小于 800px×800px,对于店铺其他板块及商品图的装修,速卖通提供"系统基础板块"及"第三方板块"两种服务。不同的服务对板块、轮播图、轮播海报等的具体要求不同(如图 4-5、图 4-6 所示)。

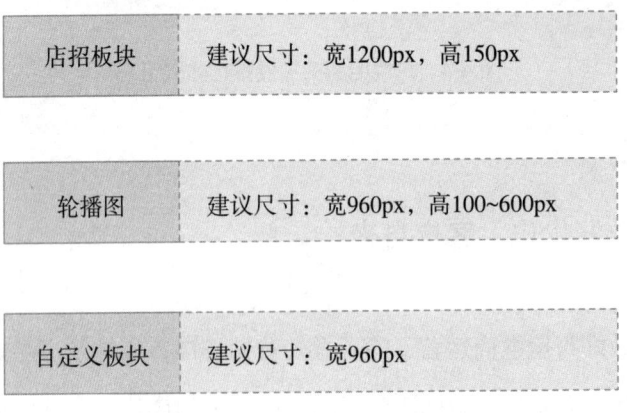

图 4-5 速卖通系统基础板块的规范与要求

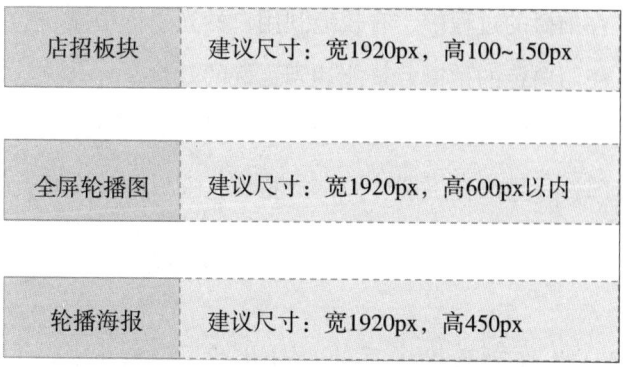

图 4-6 速卖通第三方板块的规范与要求

2. 亚马逊平台商品图的尺寸与规范

亚马逊要求商品图的尺寸不低于 500px，但是建议应大于 1000px，因为商品任意一边的尺寸大于 1000px 时，就可以使用平台自带的"Zoom Function"功能了。而且，商品主图的背景必须是纯白色的，不能使用插画等图片，同时主图不能带有 logo 和水印。

3. eBay 平台商品图的尺寸与规范

eBay 平台要求，售卖的商品至少需要上传一张商品图，要求：图片像素为 500px～1600px，图片上不能带有边框和文字。

4.2.2.2 商品主图的拍摄技巧与规范

图片是会说话的，有时往往不需要多少文字描述，只需一张图片就能激发用户的购买欲望。要想通过商品主图最大限度地吸引用户的注意，商家在拍摄商品照片的时候要重点注意以下几个方面。

第一，使用专业的摄影设备进行拍摄。

第二，在拍摄的过程中，有效地利用自然光进行拍摄。

第三，使用白色的拍摄背景能达到更好的效果。

第四，对拍摄完的商品图进行后期修图优化。在修图的时候，要注意避免过分修图，一旦改变了图片原本的特征，造成图片失真，会有虚假宣传的风险。

4.2.2.3　做好商品详情页的设计优化

一般来说，完整的商品详情页主要包括商品的介绍说明、商家的实力展示、商品交易的主要说明、营销促销活动（如有）、商品的优势对比等信息。

在优化设计详情页时，商家需要注意：完整展示商品的全景图、模特或商品的使用场景、商品的细节及主要卖点等。

4.3 订单处理：不忽视每一个细节

在跨境电商的整个运营过程中，订单的处理是运营的核心，可以说，电商运营的所有流程都在直接或者间接为订单服务。很多刚接触跨境电商的卖家都认为订单处理很容易，但是随着对电商运营的深入了解及实践之后发现，订单的处理并没有想象中那么简单，它涉及很多方面。如何高效地处理订单，并做好每一处细节，是电商运营成功的关键。

4.3.1 一个订单的完整处理流程

从买家下单的那一刻起，一个新的订单就建立了，但是买家下单不意味着一定付款，有时买家也可能会取消订单，只有买家付款之后，你才能开始处理这个订单，这就需要你充分了解订单生成的整体流程。

了解了订单生成的完整流程后，你还需要详细了解订单处理的流程，这样才能更好地处理每一笔订单。一般来说，跨境电商的订单处理流程主要包括以下几个步骤（如图4-7所示）。

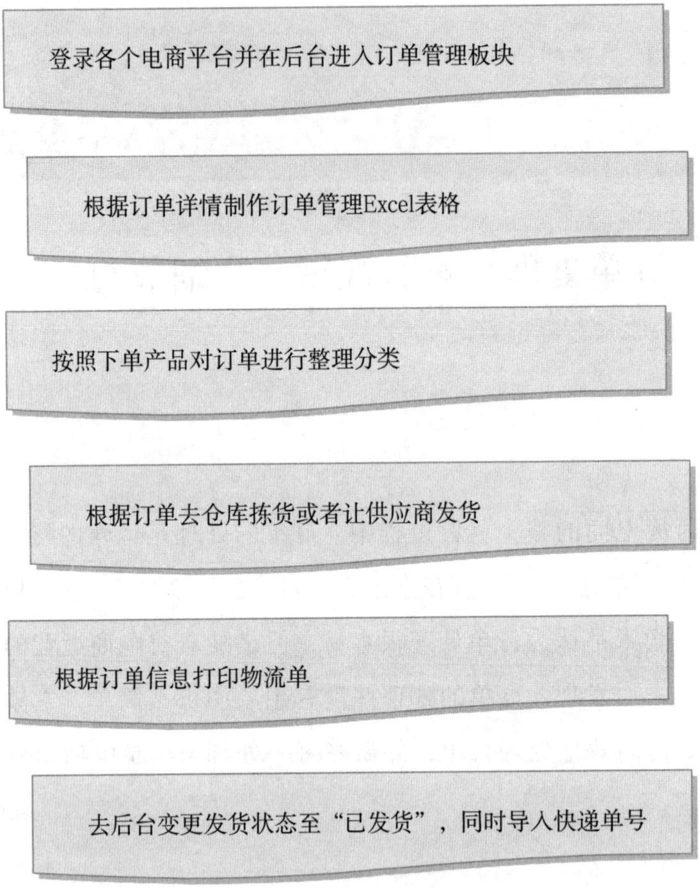

登录各个电商平台并在后台进入订单管理板块

根据订单详情制作订单管理Excel表格

按照下单产品对订单进行整理分类

根据订单去仓库拣货或者让供应商发货

根据订单信息打印物流单

去后台变更发货状态至"已发货",同时导入快递单号

图 4-7　订单处理的完整流程

4.3.2　高效处理订单,事半功倍

在订单生成或者发货之后,买家有可能会更改订单信息,除此之外,买家在收到货之后,还有可能想要退货,在这种时候,就需要使用一定的方法来处理这些订单问题。

4.3.2.1 买家付款后想取消订单

买家在付款后要想取消订单,主要分为几种情况,具体处理方法如下。

首先,如果你还没有给买家发货,可以让买家自行取消订单,再引导买家重新下单。但是,一些平台规定买家只有在付款后的 30 分钟内可以自己取消订单,如果超过了 30 分钟,就需要你在后台为客户取消订单。但是,请切记,不要轻易主动为客户取消订单,因为这样会影响你店铺的权重。如果客户一定要取消订单的话,你可以先询问客户取消订单的原因,并提出解决方法,最大限度地使客户满意,促成此单。

其次,如果你已经给买家发货了,这时订单是无法取消的,可以拦截物流或等到买家收到货之后,告知买家进行退货退款,等货物退回之后,再给买家退款。在这种情况下,可以引导客户选择一个最不影响店铺权重的退货原因,最大限度地减少不利影响。

4.3.2.2 修改收货地址

有些时候,用户在付款之后才发现自己填错了收货地址或者联系方式,需要修改信息。在发货之前,你可以在后台主动帮助买家修改地址或者信息;如果货物已经发出了,则可以联系物流公司,由物流公司来帮助修改地址;如果无法联系物流公司或者物流公司无法修改地址,在联系不上收货人的时候,物流公司会将货物退给发件人,你可以在收到退件之后,再重新寄给买家(如图 4-8 所示)。

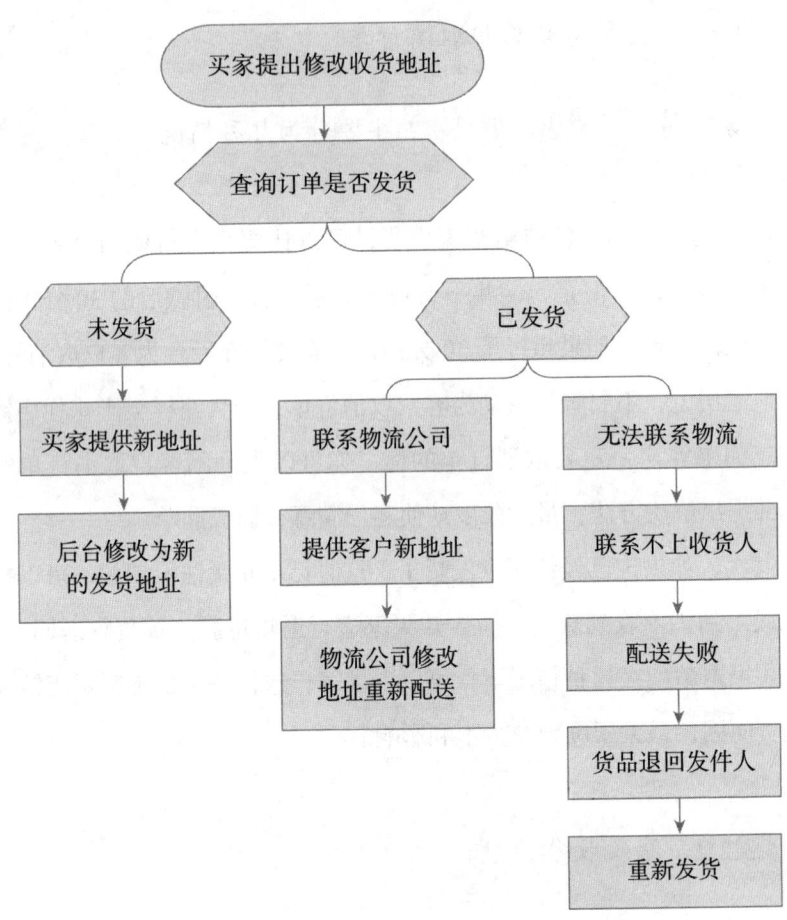

图 4-8 客户修改收货地址流程

4.3.2.3 买家收到货物之后需要退货

与取消订单一样，频繁退货会影响店铺的权重，所以在收到买家的退货申请之后，可以主动去联系买家，了解退货原因，尽量帮助买家解决问题。如果解决不了相应问题，则可以让买家选择一个影响最小的退货原因提交申请，再给买家退货。

# 指|点|迷|津

跨境电商平台的交易管理

交易管理是跨境电商在交易过程中的一个重要环节,这里以速卖通平台为例。

在速卖通平台,交易管理主要分为四个部分,分别是:管理订单、物流服务、资金账户及评价管理。这四个部分也代表了完整的售前及售后的各个流程。

如果你想在速卖通平台开通店铺,那么就需要详细地了解、研究这四个部分中的每一处细节。

4.4 关注物流，优化购物体验

4.4.1 认识国际物流的分类

目前，跨境电商使用的国际物流主要包括邮政、商业快递、专线物流及阿里巴巴旗下的速卖通无忧发货。

4.4.1.1 邮政

万国邮政联盟（UPU），简称"邮联"，是邮政行业的一个政府间国际组织，它可以商定国际上的邮政事务，同时还保证了各国之间的邮政权利。各国的邮政局的邮政大包、邮政小包、中国邮政的 EMS 及 ePacket 都属于邮政物流。

下面就几类常见的物流方式的优缺点进行简要分析，供跨境电商新手卖家在选择物流时参考。

中国邮政大包：这里的中国邮政大包指的是中国邮政航空大包，可以寄往200多个国家和地区,邮费便宜,具有较强的清关能力,适用于时效性不强、重量稍重的货物(如图4-9所示)。

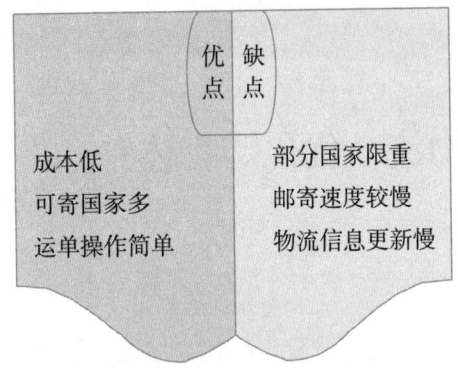

图4-9　中国邮政大包的优缺点

中国邮政小包:中国邮政小包邮寄货物的重量须在2千克以内(阿富汗地区须在1千克以内),货物的长宽高之和要小于90厘米,最长的一边也不能超过60厘米(如图4-10所示)。

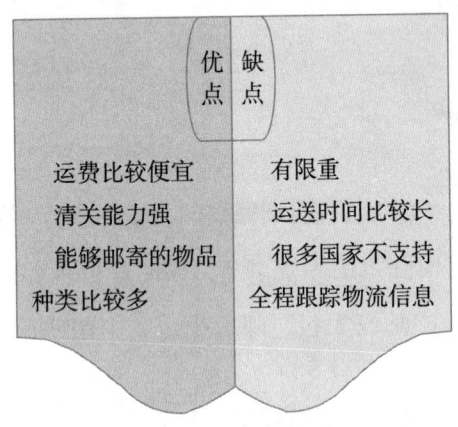

图4-10　中国邮政小包的优缺点

EMS:EMS就是邮政的特快专递邮件业务,国际快递的运送时间通常为 3~8 个工作日（不包括清关时间）。EMS 在各个国家和地区都具有优先处理权。

ePacket：ePacket 隶属于中国邮政，目前只可以发往部分国家，包括美国、澳大利亚、加拿大、法国、俄罗斯及英国，而且 ePacket 不提供邮件丢失及延误的赔偿业务，所以不适合邮寄贵重物品。

中国香港小包：中国香港小包的时效和价格属于中等，其优点是物流处理速度快。

新加坡小包：新加坡小包的价格适中，并且服务较好。

瑞士邮政小包：瑞士邮政小包运送欧洲路线时效比较快，在欧洲各国的通关能力比较强，但是价格较高。

4.4.1.2 商业快递

目前，世界上有几个比较知名的国际商业快递公司，分别是 UPS、DHL、TNT 及 FedEx。图 4-11 对比了几个公司的基本情况，可供跨境电商卖家参考。

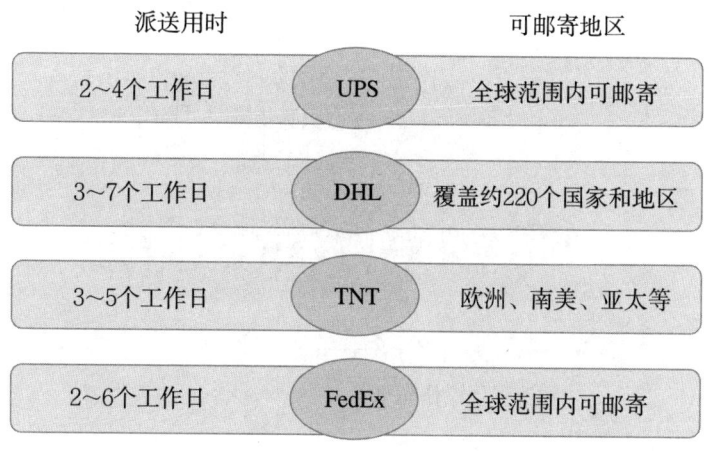

图 4-11　国际商业快递公司的时效以及可邮寄地区

4.4.1.3 专线物流

目前，比较常用的几种跨境电商物流专线主要包括 Special Line-YW、Russian Air、Aramex、芬兰邮政及中俄快递 -SPSR。

4.4.1.4 无忧发货

AliExpress 无忧物流隶属于阿里巴巴旗下，是全球速卖通和菜鸟网络联合推出的跨境电商官方物流服务，可以为商家提供一站式的物流服务（如图 4-12 所示）。

具体来说，AliExpress 无忧物流主要包括国内揽收、国际配送、物流信息跟踪、物流纠纷助理及售后赔付。

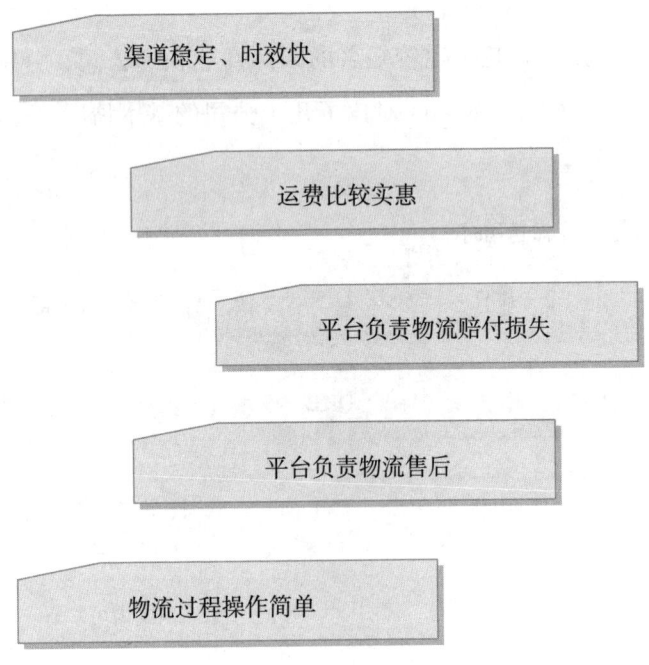

图 4-12　AliExpress 无忧物流的五大优势

4.4.2 了解海关报关

跨境电商出口货物必须要经过海关报关。报关是指所有人或者代理人在进出口货物、托运行李、邮递物品时向海关申报、提交单据和证件、办理进出口相关手续的过程。

4.4.2.1 海关报关的基本流程

跨境电商报关步骤大体如下。

（1）商家在服务平台上备案。

（2）商品订单建立后，商家、物流及支付企业向服务平台提交订单、物流及支付信息。

（3）服务平台进行订单、物流及支付信息对比，自动生成货物清单，然后向"中国电子口岸"发送清单数据。

（4）将货物运送至跨境电子商务监管仓库。

（5）海关审核服务平台的信息，确定单据与货物相符合后，将货物放行。

（6）商家凭报关单据向国家税务总局申请退税。

4.4.2.2 如何应对海关扣关

所有的跨境电商商品都需要经过海关的检查才能入境，然后再配送到买家手里。但是，有时候商品会因为各种原因被海关扣留，从而无法按时邮寄到买家手中。一般来说，海关扣关的主要原因有以下几点。

（1）涉及交税，买家一般不愿意进行清关。

（2）货物属于违禁品。

（3）目的国限制货物进口。

（4）买家和卖家无法提供相应的文件。

为了避免海关扣关，商家在出口货物时需要做好或者了解以下事情。

（1）选择安全有保障的快递公司。

（2）详细了解进口国家或地区的进出口政策。

（3）包裹越重，被扣关的可能性就越大。

指｜点｜迷｜津

建立海外仓的作用

海外仓是在本国以外的其他国家和地区设置的储物仓库。海外仓一般都是由第三方公司建造的，卖家可以直接把货物批量发往海外仓，买家下单后，直接由海外仓进行发货。

海外仓在一定程度上解决了跨境电商物清关流难、时效长、易破损、易丢失等问题，可以很大程度上解决买家换退货及卖家的物流运输问题。

4.5 巧清库存，盘活资金链

4.5.1 如何有效清理积压库存

一般来说，跨境电商的订单很多都是碎片化的，而且季节性比较强，商家为了满足订单的供货需求，通常需要保留一定数量的库存商品。如何合理消化库存商品也需要一定的运营智慧（如图4-13所示）。

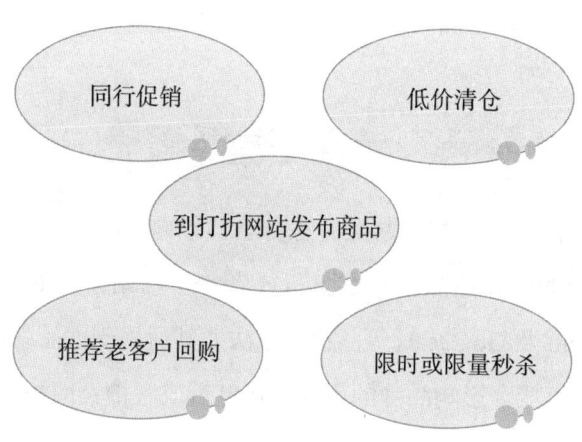

图4-13 清理积压库存的有效方法

作为卖家，必须充分认识到，维持库存商品需要一定的费用，而且还有商品挤压的风险。因此，跨境电商如何高效合理地进行库存管理，适时清理库存，就成了至关重要的一件事。

4.5.1.1　淘汰产品低价清仓

淘汰产品就是商家不再售卖的产品，针对这类商品，商家可以进行低价清仓或者限量秒杀活动。

面对库存的淘汰产品（无质量问题），你可以先给自己设定一个目标，规定自己需要在多长时间之内清理掉这批库存，然后设置一个清仓价格，如果在规定的时间内没有成功清理库存，则需要继续降价。

4.5.1.2　通过老客户消化待清理的库存商品

如果商家有需要清理的库存商品，可以有针对性地给老客户发送低价优惠消息，通知他们什么商品在什么时间会进行低价促销活动，这样既可以清理库存，又可以增加店铺与老客户之间的黏性。

4.5.1.3　换季商品可以发布在折扣网站

如果商家售卖的是衣服之类的易受季节影响的商品，在换季的时候，可以将待清理的库存商品发布在打折或者拍卖网站，比如Shopgoodwill.com、CowBoom及GovDeals等。这种方法尤其适用于大品牌的服饰商品，因为低价清仓可能会影响品牌的声誉，在打折或者拍卖网站出售是一种不错的选择。

4.5.2　清理库存示例：亚马逊站内清库存

各个跨境电商平台一般都会有帮助商家清理库存的活动，以亚马逊为例，下面两个活动可以有效地帮助商家清理积压库存。

4.5.2.1　报名站内的秒杀活动（Lightning Deals）

亚马逊经常会有一些秒杀的活动，如果商家的库存商品符合站内秒杀活动要求的话，就可以报名参加。比如，欧洲站每次秒杀活动需要缴纳20欧元的报名费，而商品的价格则按照最近三个月售出最低价格的75%设置。

4.5.2.2　捆绑销售（Add Both to Cart）

可以将需要清理的库存商品捆绑到另一款热销的商品上面，将热销商品的流量引导库存商品上面，以此来提高库存商品的销量。除此之外，如果商家有卖不出去的FBA（Fulfillment by Amazon）商品，可以在后台设置规则：当买家下单的商品达到一定金额或者购买了指定商品时，将FBA商品作为赠品一同送出。

4.6　售后与申诉

4.6.1　利用服务提高客户满意度

在跨境电商运营的过程中，除了选品、推广及物流，客户服务也是至关重要的一个环节。良好的客户服务可以提高买家的满意程度，给买家带来良好的购物体验，提高下单率，并且可以促进用户下单。

4.6.1.1　进行良好的询盘沟通

通常来说，买家在购买商品之前都会进行询盘。询盘就是询价，就是买家向卖家询问商品信息或者交易条件。在回复买家询盘的时候，客服一定要及时回复，并且回复的信息要专业、简洁、清晰，要始终保持礼貌的态度，这样才能与客户进行良好的沟通。具体来说，客服应该始终遵循以下原则。

（1）交流时，要使用简洁准确的语言，切忌有语法错误。

（2）要充分了解客户的文化，不要触及客户的禁忌，直截了当地回答客户的问题。

（3）主动及时回复信息。

（4）单次沟通时要尽量多地描述信息，从而减少重复沟通的次数。

（5）发邮件时需有称呼、有落款，正确使用格式。

4.6.1.2　回复买家询盘，客服需要做到这几点

做好客服培训，要求客服在面对买家的咨询时应做到以下几点。

（1）积极回复每个买家的询盘提问。

（2）在促销季或者购物高峰期，客服须始终在线。

（3）注重沟通过程中的细节。

（4）态度要谦逊，用平等的眼光看待客户。

4.6.2　如何做好售后服务

售后服务是整个客户服务中非常重要的一环，良好的售后服务可以给买家留下深刻的印象，提升买家的购物满意度，有利于进行二次销售及客户转介绍。一般来说，要想做好售后服务，卖家需要做到以下几个方面。

（1）之前向买家承诺的服务或者福利一定要兑现。

（2）买家收货之后，可以联系买家确认一下是否是本人收货。

（3）定期进行客户维护，在节假日的时候可以向忠实的老客户送上祝福，或者送出一份小礼物。

（4）买家给予好评时，要向买家表示感谢。

（5）出现纠纷或者争议时，要积极主动并以良好的态度去解决问题。

4.6.3 如何处理纠纷

处理纠纷与投诉是客户服务的一部分内容，妥善地处理纠纷是卖家必学的一项技能，因为一旦投诉与纠纷过多，会直接影响到店铺的信誉以及商品的曝光，从而导致一定的损失。所以，掌握处理纠纷的方法是一位成熟的跨境电商卖家必须要做到的事情。

4.6.3.1 纠纷的提交与协商

一般来说，买家在提起退款或者退款退货申请时，纠纷就已经形成了，这时，卖家需要与买家进行沟通协商，解决纠纷。

以速卖通平台为例，纠纷处理流程具体如图 4-14 所示。

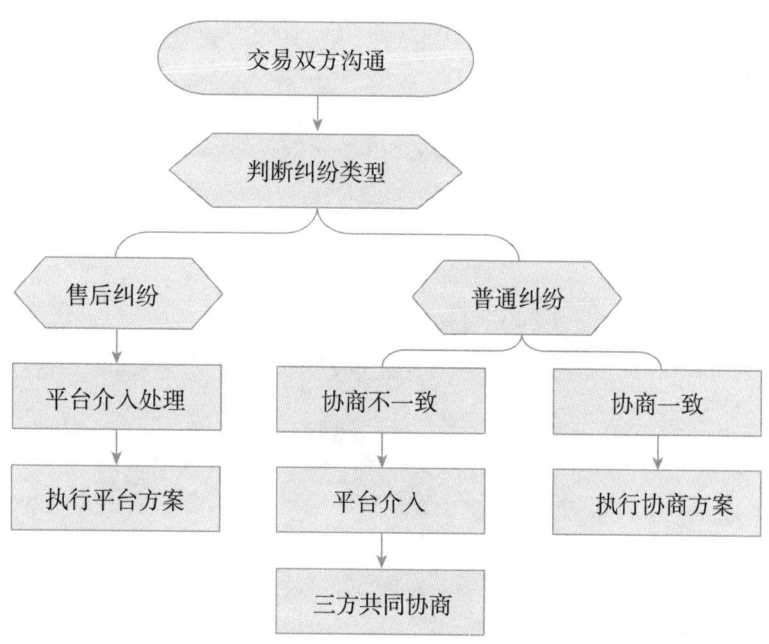

图 4-14 速卖通平台纠纷处理的流程

4.6.3.2 解决纠纷的注意事项

一旦发生纠纷，就需要积极解决。卖家在解决纠纷时，要注意下面这些事项。

（1）及时沟通。

（2）保持礼貌的沟通态度。

（3）保持解决纠纷的专业度。

（4）尝试站在客户的角度去解决问题，将心比心。

（5）保留订单及其他交易信息作为证据。

第 5 章

数据运营，探秘跨境电商的数字秘密

大数据时代，数据成了各个领域、各类平台运营的重要工具，跨境电商亦是如此。在跨境电商运营的过程中，有效的数据分析能够为卖家提供店铺运营的指导依据，帮助卖家找到最适合自己的运营方案，从而使受益和利润达到最大化。

合理地分析数据，把握好数据风向标，是成功运营跨境电商的秘诀。

5.1 大数据时代,数据就是财富

在大数据时代,数据就是财富。要想做好跨境电商,就要将数据作为指导依据,适时结合数据分析的结果做出运营方案、店铺优化方案等,而进行数据分析的前提就是掌握数据分析的思路及方法。

5.1.1 数据分析的思路

所有的跨境电商运营者都需要考虑这样一个问题:什么是数据分析?

数据分析包括行业数据分析、产品数据分析、用户数据分析、店铺受益数据分析等,分析的结果能够为卖家提供客观的运营依据,帮助卖家进行行业对比、正确选品、分析商品、监控店铺并且打造爆款。要进行数据分析,首先要了解数据分析的基本步骤。

5.1.1.1 数据分析的基本步骤

通常情况下,数据分析有以下几个步骤。

首先，确定数据分析的目标。在进行数据分析之前，跨境电商卖家需要确定数据分析的目标及目的，明确自己想要通过数据分析解决哪些问题。

其次，收集数据。在确定数据分析目标之后，要根据目标来收集数据。跨境电商运营的数据收集主要有三个方面，包括店铺本身的销售数据，平台的官方数据及第三方数据。

卖家可以根据自己的需求，选择适合自己的数据收集工具来收集数据（见表5-1）。

表5-1　跨境电商卖家数据收集类型

数据来源	可收集的数据类型
店铺销售数据	销售记录 交易及转化数据 活动推广效果数据 促销活动收益数据
平台的官方数据	店铺主要运营数据 平台热销榜 平台销量榜
第三方数据	跨境电商平台监测数据 行业销售数据 精品销售数据 买家搜索趋势 买家喜好数据 用户类型数据 其他数据类型

再次，整理数据。收集完数据之后，就要整理数据。卖家可以将收集来的数据整理成Excel表格，运用表格中的各类公式将数据进行运算和统计；也可以将数据做成图表，这样看起来更加直观，效果更好。

然后，对比数据。卖家应该定期对收集整理的数据进行对比，比如上个月与这个月的数据对比，上半年与下半年的数据对比，销售旺季与淡季的数据对比，各类大促活动的数据对比等。

最后，发现问题并制订整改方案。分析数据的目的是发现问题，卖家通过对比数据，可以发现自己店铺的问题，比如店铺装修问题、选品问题、推广问题、营销问题等，找到自身存在的问题，才能做出相应的整改方案。

5.1.1.2 数据分析的常用指标

跨境电商卖家在做数据分析的时候，不能盲目分析，只有定向分析特定的指标，卖家才能了解掌握店铺的运营情况，做出正确的判断和分析。

跨境电商数据分析的常用指标主要包括：店铺各页面浏览量、店铺各页面的访客量，用户对店铺商品的收藏量、跳失率，人均店内停留时间，商品页的浏览量，商品页的访客量，用户入店页面、用户出店页面、用户在店铺的停留时间，用户访问店铺的平均时间，成交用户数，成交回头客数量，成交转化率，客单价以及老客户占比等。

比如用户对店铺商品的收藏量这个指标，它就反映了平台用户对该商品的潜在需求及购买欲望，通过分析该指标，就可以了解店铺中的哪些商品符合用户的潜在需求，并且受到用户的认可，这些商品就是卖家在一定时间内需要重点向已收藏用户推销的商品。

5.1.2 各电商平台数据分析的要点

下面着重分析速卖通、亚马逊、eBay 及 Wish 四个平台数据分析的要点，其他各平台的数据系统与这几个平台相类似，在这里不再一一赘述。

135

5.1.2.1 速卖通数据分析的要点

速卖通后台提供的官方数据分析工具叫作"数据纵横",卖家不仅能通过这个工具分析本店铺的数据,还能够通过它了解整个跨境电商行业的数据情况,以此来对比本店铺与整个行业相比的优势和劣势。

速卖通后台的"数据纵横"工具一共有5个模块,分别为实时风暴、流量分析、经营分析、能力诊断及商机发现。

实时风暴模块展示的是店铺的实时流量,这个模块对于店铺的促销活动有着非常重要的指导作用。

流量分析模块用于展示店铺的详细流量数据,主要包括流量的来源、流量的路径、新老访客的来源、店铺各个页面的流量数据及广告投放的流量数据,该模块有APP端与PC端之分。

经营分析模块主要分析店铺的经营数据,包括成交分析、店铺装修及营销助手,可以帮助卖家了解店铺的经营情况、成交的订单量及商品类型等。

能力诊断模块主要通过分析店铺的过往数据,以此来与同行业的其他店铺做对比,从而分析出店铺的各项能力值指标,包括店铺的综合运营能力、店铺的转化能力、店铺的引流能力、商品的引客能力、店铺的营销能力、店铺的服务能力及平台规则能力等。

商机发现模块包括行业情报、选品专家及搜索词分析三个细分模块,通过分析行业数据、同行业的热销商品及热门搜索词等,帮助卖家了解行业动向,及时做出营销调整和改变。

5.1.2.2 亚马逊数据分析的要点

在亚马逊后台的各项数据分析报告中,业务报告与库存报告是对卖家有重要意义的重点数据分析报告。业务报告指的是店铺商品的销量，库存报告指的是自发库存数据及FBA（代发货业务）数据。

亚马逊后台的数据分析报告主要包括行业市场趋势分析数据、客户行为分析数据、地理位置分析数据、订单销量分析数据、店铺运营分析数据及客户评价分析数据。

卖家应该认识的常用名词主要包括Page Views（页面浏览量）、Page Views Percentage（特定页面浏览量比重）、Sessions（浏览用户数）、Sales Rank（销售排名）、Ordered Product Sales（订单的销售总量）、Average Offer Count（平均可售商品的页面）等。

5.1.2.3　eBay平台数据分析要点

eBay的后台也有各类数据分析报告，主要包括店铺的访问人数、买家在店铺及商品页面的停留时间、买家入店路径及买家浏览商品页的路径等。

eBay平台的一些数据变化能够直接影响商品的售卖情况，商家在进行数据分析的时候，应该着重留意下面几类数据，包括最近的销售记录、卖家评级、买家满意度、物品"标题"的相关度。

5.1.2.4　Wish平台数据分析要点

Wish后台的数据统计模块叫作"您的统计数据"，数据统计的时间周期是一个星期，卖家需要重点关注的数据包括全行业的分析数据、子行业的分析数据、店铺的分析数据及产品的分析数据等几个方面。

不同平台、不同店铺的数据分析类型和重点不同，但都应重视以下基本要点（如图5-1所示）。

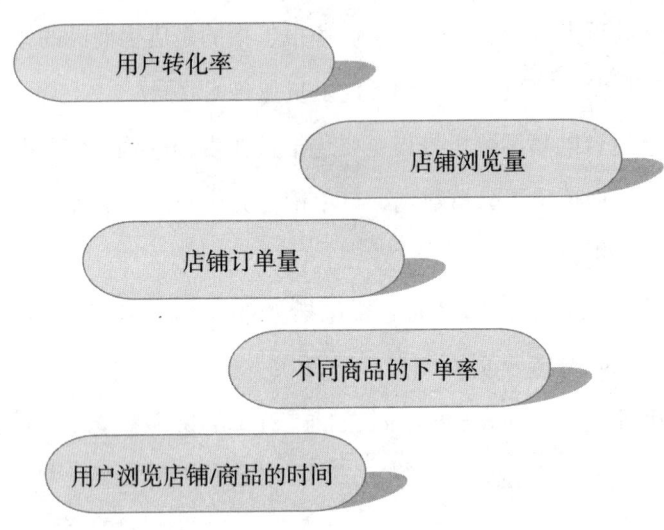

图 5-1　跨境电商数据分析的基本要点

 运 营 案 例

善用数据分析，效果显而易见

某跨境电商卖家，主要向国外销售中国的特色食品，包括零食、粮油等。圣诞节期间，卖家准备做一场促销活动。

卖家仔细分析了各个平台以往的促销数据，包括销售量、商品浏览量、下单用户特点等，并根据数据分析的结果，制订了全新的促销方案，选定了爆款的促销商品，除了结合平台的促销活动，还在各个社交平台发布商品宣传视频进行宣传。于是，在当年的整个圣诞节假期期间，该店的销售额较以往的营销活动期间增加了 50% 左右。

5.2 几个重要的店铺数据分析维度

在对店铺进行数据分析的时候，不能盲目分析，也不能全盘分析、没有重点。在做数据分析时，应该有重点地去分析一些比较重要的维度（如图 5-2 所示），这样既可以节省时间，又可以获得针对性的分析结果。

图 5-2 几个重要的店铺数据分析维度

5.2.1 了解全球的消费时间

由于各个国家及地区的时间不同，因此全球的消费时间也是不同的。

以速卖通为例，该平台使用的是太平洋时间（GMT-8），在进行数据分析之前，卖家需要仔细了解平台对应的全球消费时间。比如，速卖通时间（GMT-8）上午 11:00 就等于北京时间凌晨 3:00、莫斯科时间上午 11:00 及里约热内卢时间上午 6:00。

卖家应该学会换算各地的流量时间，才能有效地进行流量数据分析，找到各国消费者的购买高峰期。

5.2.2 店铺流量数据分析

各个平台的后台都有对店铺基本概况数据的分析板块，店铺基本概况的数据分析对与卖家来说也是至关重要的，由于各个跨境电商平台的基本概况的数据分析指标都相差不大，因此下面以速卖通平台为例，具体介绍一下店铺基本概况的数据分析，其余平台不做过多赘述。

分析店铺的流量及转化数据，可以帮助卖家分析店铺的运营情况，及时了解店铺的流量高峰期，从而做出相应的对策，以应对市场的变化。

店铺流量的主要来源也是数据分析的一个重要维度。其中，分析店铺内的流量构成、不同渠道的流量占比及流量走势几个方面就可以帮助卖家全面地了解并且优化店铺的流量来源。

针对流量来源的分析，不同平台的分析指标及数据设置都相差不大，这里以速卖通平台为例进行详细的阐述，速卖通站内的流量渠道主要包括站内搜索、类目浏览、各类平台活动、P4P 直通车、购物车、收藏夹、通过链接直接访问页面、站内其他渠道（店铺首页、分组页、买家的历史订单页等）；站外的流量渠道就是从除了变速通平台以外的其他网站引流过来的流量。

一般情况下，站内搜索及类目浏览所带来的流量占比达到60%以上，这个店铺的运营情况才是健康的。如果你的店铺的这两个渠道的流量占比没有达到这个数据，那你就通过更加详尽的数据分析找出原因，并找到对策。

对于店铺引流来说，各种各样的平台活动及直通车是最有效的，因为这两个渠道所带来的新访客占比较高。

5.2.3 店铺交易量数据分析

跨境电商平台店铺的交易情况包括很多数据，主要有买家数、下单数、支付成功的订单数、支付成功的订单金额及客单价等。其中，支付成功的订单数是卖家最需要也是最值得关注的数据，卖家通过对比该项数据，如果发现近期支付成功的订单数量有所下降，那么卖家就需要思考造成订单数量减少的原因，并且想出相应的对策及调整方案。

此外，不同跨境电商平台还有一些特色数据需要注意，例如速卖通平台的卖家还需要关注店铺经营看板详情，这一项数据分析可以查看"卖家责任裁决率"，帮助店家更好地规避处罚风险。

5.2.4 店铺装修效果的数据分析

店铺的优化装修是否有效果，也可以通过数据分析得出结论。卖家可以统计在近一个月内做过店铺装修的次数，以及每次装修之后店铺的整体流量、访问深度、店铺的平均访问时间、商品页面的访问时长以及跳失率等方面的数据变化，以此来分析店铺装修的效果是否有效，是否为店铺带来了更大的效益。

5.2.5 店铺自有商品的数据分析

店铺的自有商品对店铺的运营及营销也具有十分重要的指导意义，经常对店铺商品的各类数据（见表 5-2）进行分析，可以帮助卖家及时调整选品及营销方案，提高店铺的收益。

表 5-2 店铺自有商品数据类型

曝光量	商品在站内搜索或者类目浏览下的曝光次数
浏览量	商品被买家浏览的次数
搜索点击率	商品在站内搜索或者类目曝光后被买家点击的比例（浏览量 / 曝光量）
访客数	访问商品的用户数
成交订单数	在一定时间范围内，买家支付的订单数量
成交买家数	在一定时间范围内，购买商品的买家数量
成交金额	商品在一定时间范围内产生的交易额
询盘次数	买家点击商品后进行询盘的次数
成交转化率	商品的成交卖家数 / 商品访客数
平均停留时长	卖家访问商品详情页的平均停留时间
加购次数	买家将商品添加至购物车的次数
添加收藏次数	买家将商品添加至收藏的次数

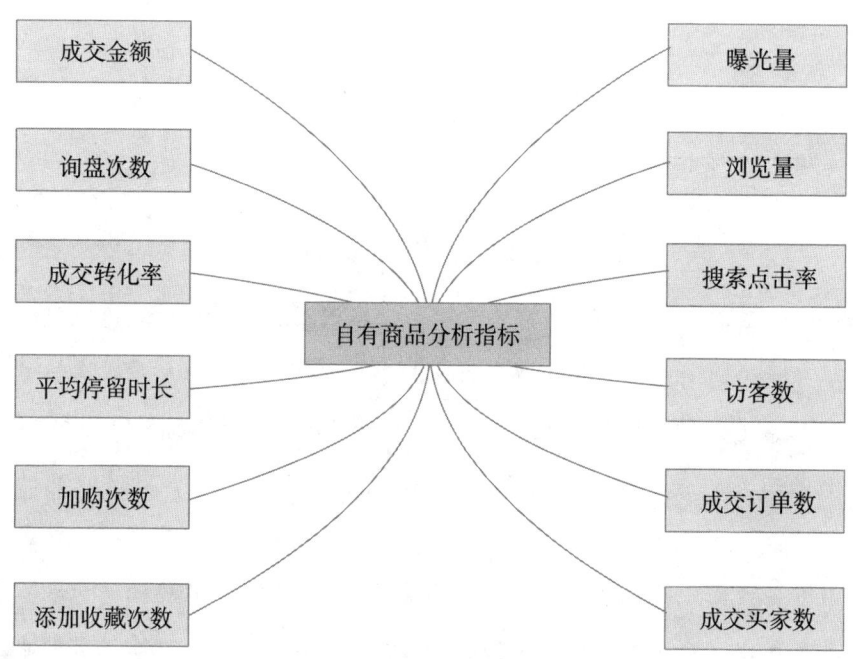

图 5-3　店铺自有商品的分析指标

商品分析的主要目的是通过分析各项指标（如图 5-3 所示）的数据发现自有商品的不足之处，从而制订出相应的解决方案。分析店铺的自有商品主要包括爆款分析及长尾分析两个方面，爆款分析是在打造爆款商品的前提下，对商品进行全方位的细致分析；长尾分析主要是用 Excel 的数据功能，对爆款以外的其他商品进行分析。

 运 营 案 例

具有潜力成为爆款商品的分析案例

某卖家对店铺的某款连衣裙进行了数据分析，发现这款连衣裙的曝光量远远高于行业同类商品的曝光量，但是与行业曝光量排名前十的商品还是有一定的差距；点击率也超过了同类目商品的平均点击率；只是商品的成交转化率低于行业平均值，不仅如此，该款连衣裙的 No-Pay 比率也高于同类商品的平均值，说明用户对此款连衣裙的款式及其他方面比较认可，也有购买的欲望，但是对商品价格的接受度不高。所以，卖家如果想将此款连衣裙打造成爆款商品，就要适当调低产品价格、优化供应链、牺牲一定的利润率，这样才可以提高成交转换率并且降低 No-Pay 比率。

5.3 用户画像与价值分析

对于跨境电商新手卖家来说，吸引用户是最重要的，因为为你的商品买单的是用户，只有充分了解你的用户，分析用户的特性与喜好，做好用户画像，才能够有针对性地推出受到用户青睐的产品，做出符合用户购买心理的营销方案。

5.3.1 什么是用户画像

用户画像就是根据平台用户的社会属性、生活习惯、地域分布、上网习惯及消费习惯等方面的信息，分析整理出的用户标签模型。详细的用户画像可以帮助卖家了解用户、分析用户的潜在需求、定位用户群体的主要特征并挖掘出潜在的用户群体。

建立完整的用户画像，还可以帮助卖家了解用户的购物需求、购买习惯、消费领域及购买能力等。

5.3.2 跨境电商行业的用户画像现状

在跨境电商行业，亚马逊、速卖通、Wish 等平台都重视通过大数据对用户的基本属性、消费能力、平台浏览行为、兴趣爱好等各个方面进行全方位的分析，并建立相应的用户标签，帮助电商卖家改进和完善电商运营，在海量的平台用户中发现商机，获得效益。目前，各平台建立的用户画像主要包括以下几个方面（如图 5-4 所示）。

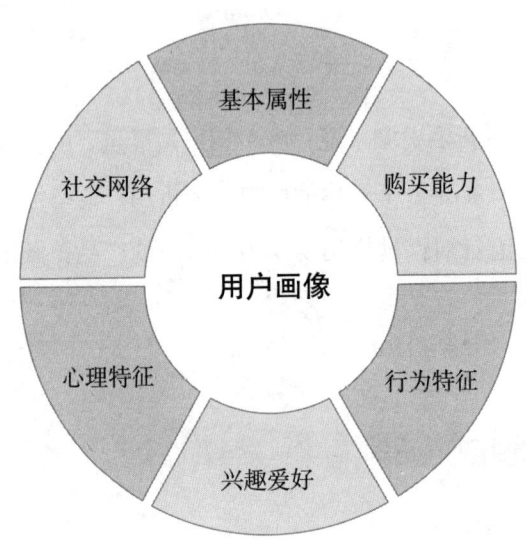

图 5-4 用户画像的几个方面

基本属性：指用户的性别、年龄、职业、地域、工作领域、职业等方面，通过用户的平台注册信息及多维建模可以获取这些信息。

购买能力：指用户的消费水平及在平台一定时间内消费的金额，主要通过用户的消费金额、购买频率、购买周期等数据获得相关信息。

行为特征：指用户在平台的活跃程度、上线时间、购物类型等方面，主要通过分析用户的浏览数据、点击数据、下单数据等获得相关信息。

社交网络：指用户的社交关系网，主要通过分析用户的收货信息及收货地址等数据获得相关信息。

心理特征：指用户对促销活动的敏感度和参与程度，以及购物的忠诚度等，主要通过分析用户参加促销活动的次数、代金券或者满减券的使用频率及购买商品的品牌分布等方面获得相关信息。

兴趣爱好：指用户的运动喜好、衣服品牌喜好、化妆品喜好、颜色喜好等，主要通过分析用户购买的商品的品牌、类型、颜色等数据信息来获得相关信息。

5.3.3 用户画像在跨境电商行业的应用价值

用户画像的主要价值在于将冷冰冰的数据转化为商业价值，就目前来说，用户画像主要可以帮助电商卖家进行精准营销、用户统计、挖掘数据、寻找高质量用户及优化商品（如图 5-5 所示）。

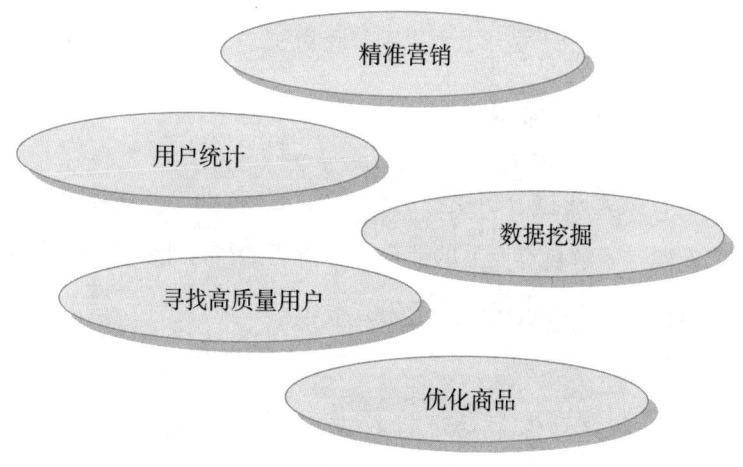

图 5-5 用户画像在跨境电商行业的应用价值

5.3.3.1 用户画像帮助精准营销

精准营销就是在一定的时间把适合的商品发给有需要的人，而用户画像就恰恰能够帮助商家完成这一过程。电商平台常常会通过分析用户的浏览、点击、询问、加购、加收藏等动作，来为用户打上各种各样的标签，然后通过短信、邮件、推送消息等方式，把适合的商品信息推送给相应的用户。

在电商运营的过程中，你是否思考过以下这些问题？

用户想买的商品没货了，但是设置了到货提醒，那么到货之后应该如何推送消息通知用户呢？

用户将商品加到购物车或者添加到收藏夹，却一直没有购买，这时应该如何推送消息促成购买呢？

用户画像就可以帮助卖家恰到好处地解决上述问题。你可以通过分析用户的性格、兴趣爱好、购买习惯等数据，编辑适合用户的推送和提醒信息，适当的推送信息不仅有可能促进用户下单付款，还能帮助用户节省时间并提升购物体验。

5.3.3.2 用户画像帮助进行用户统计

用户统计就是通过分析用户的行为数据，帮助电商卖家更加了解自己的买家人群，了解自有商品的受众，分析店铺在行业竞争中的优势和劣势，从而扬长避短，改进运营及营销方案。

5.3.3.3 用户画像帮助进行数据挖掘

数据挖掘就是通过各种数据分析方法来发现用户群体与用户群体、用户群体与商品、商品与商品、商品与品牌之间的联系及差异，这可以帮助卖家发掘出更大的商机。

5.3.3.4　用户画像帮助优化商品

用户画像中对用户属性特征及性格特点的分析，可以体现出其偏好商品，在此基础上，卖家可以根据分析结果优化自有商品，吸引更多目标用户。

5.3.3.5　用户画像帮助寻找高质量用户

除了以上几个方面，用户画像还有一个重要的价值，那就是分析浏览或购买某个类目、某个店铺或者某品牌商品的用户群体特征，从而帮助卖家精准投放营销广告，实现效益最大化。

5.3.4　用户价值分析

做好用户价值分析，可以帮助店铺吸引用户主动访问店铺、浏览商品。卖家可以持续与下过单或者咨询过商品的客户进行沟通，引导和吸引他们再次下单。对此，卖家就需要对不同用户进行分析，然后分类，分析他们的不同价值，然后有针对性地对这些用户采取不同的营销方案。

比如，母婴店的卖家可以将客户按照幼儿的年龄或者商品的使用期限来对客户进行分类，哺乳期幼儿的家长除了需要奶瓶，还需要纸尿裤等其他用品，那么卖家在推荐商品的时候，同时推荐多款相关联商品，再加上一定的优惠，会吸引客户多下单。

 指|点|迷|津

如何创建用户画像库

除了跨境电商平台分析得出的用户画像，卖家在运营店铺时，还可以有针对性地创建自己的用户画像库。

对下过单的卖家及浏览过的店铺或者商品的全部买家进行统计，建立自己的买家数据库，根据年龄、性别、需求、喜好等多个维度对这些买家进行分类，得出每个分类维度下买家的特点及购物规律，从而在日后有针对性地为不同买家推荐商品。

5.4 后台管理

后台管理也是跨境电商运营工作的一个很重要的部分，后台就是卖家的阵地，只有管理好后台，完善各类信息，才能在营销中将利益最大化。由于跨境电商平台有很多，本书中不便一一举例，下面以几个使用率高、受众广、操作简便的跨境电商平台为例，简单介绍一下跨境电商平台的后台管理。

5.4.1 亚马逊后台管理

亚马逊（Amazon）后台有多个板块可以设置，如后台账户设置、假期模式设置、提醒设置、登录设置、退货设置、礼品设置、用户设置及其他设施。

5.4.1.1 账户设置

在亚马逊后台，可以进行或者更改账户设置，主要有以下几个方面。

（1）Account Information ——账户信息。

（2）Seller Information ——卖家信息。

（3）Storefront Link ——店铺链接。

（4）Business Address ——公司或者卖家地址。

（5）Legal Entity ——店铺或者公司名称。

（6）Deposit Method ——卖家收款账号。

（7）Charge Method ——卖家的信用卡信息。

（8）Return Information ——退货信息（联系人姓名、电话、地址等）。

（9）Merchant Token ——卖家记号。

卖家记号是用于 AMTU、第三方应用程序和 XML 上传数据的唯一卖家编码，用于将上传的商品与卖家账户进行匹配。卖家记号的信息十分重要，切勿忘记或者泄露。

5.4.1.2　商品状态

亚马逊后台的商品状态（Listing Status）是指所有商品的状态，将 Listing Status 设置为"Active"就表示商品为上架状态，而将 Listing Status 设置为"Inactive"就表示商品已下架。在卖家有事不能发货或者放假期间，应当及时把 Listing Status 设置更改为"Inactive"，避免发生买家下单后卖家无法发货的情况。

5.4.1.3　提醒设置

在提醒设置（Notification Preference）中，卖家可以设置消息提醒，并选择收到哪些消息时进行提醒，比如：成交订单提醒、发货提醒、产品更新提醒等。

5.4.1.4 登录设置

与所有平台一样,亚马逊的登录设置(Login Setting)可以设置账户的登录邮箱、登录密码及账户的安全问题。

5.4.1.5 退货设置

顾名思义,退货设置(Return Setting)就是可以设置退货信息板块,具体包括退货收件人姓名/收件公司名称、联系电话及退货地址,并且可以设置多个退货地址。

5.4.1.6 礼品设置

如果店铺有礼品赠送的活动,比如买三赠一,某款商品绑定赠送另一款商品等,就可以选择礼品设置(Gift Option)进行设置,在设计赠送礼品时,卖家应该仔细查看设置规则,避免设置错误,产生不必要的损失或者问题。

5.4.1.7 用户设置

卖家可以在这一项中设置多个子账号,每个子账号的权限都可以通过用户设置(User Permission)来设置,每一个子账号都具有相同的功能,可以帮助主账号引流、售卖商品等。

5.4.1.8 上传商品

如果卖家想往平台上传单个商品,可以进入卖家后台,在导航栏的"Inventory"中点击选择"Add a product",然后在新打开的页面中点击"Create a new product",之后再根据平台提示一步一步上传商品即可。要注意，在上传商品时，应该将商品的基本信息详细填写完整，比如：商品图、标题、品牌、生产信息、价格、关键词等。

如果卖家想批量上传商品，操作方式与上传单个商品一样，在导航栏中找到"Inventory"，然后点击选择"Add products via upload"，然后下载批量上传商品的模板，将模板信息复制到 Excel 表格中，填写商品信息，然后再按照提示批量上传商品文件即可。

5.4.2 Wish 后台管理

5.4.2.1 Wish 后台界面介绍

Wish 后台的菜单导航栏一共有 7 个菜单选项，分别为：首页、产品、订单、客户问题、业绩、违规及系统信息。这 7 个板块涵盖了卖家在运营店铺或者设置后台时所需要用到的所有功能，可以为卖家在产品管理、订单处理、分析业绩数据及完善售后服务等方面提供客观的指导。

5.4.2.2 后台账户设置

Wish 后台的账户设置主要包括基本信息设置、显示设置、快递设置、更改用户名、更改密码、更改邮箱、更改电话号、两步验证、新设备、邮箱设置、假期模式及 API（Application Programming Interface）设计。

更改用户名或者电话等操作都十分简单，所以在这里就具体介绍前三项设置的基本内容。

（1）设置账户的基本信息。基本信息主要包括商户 ID、客户经理、用户名、邮箱、收入分成、名字、姓氏等信息。目前来说，Wish 后台只能够更改名字和姓氏信息，其他信息均不能修改，所以卖家在注册账号填写信息时，一定要在确认信息准确无误之后再提交。

（2）显示设置。显示设置可以设置店铺的名字和照片，目前也只能修改店铺照片，所以在注册时，一定要确认好店铺的名字，后续无法修改。

（3）快递设置。这一项又被称为"速递初选项"，可细分为线上发货和线下发货两种不同的方式，卖家根据自己的实际情况，选择适合自己的发货方式即可。

5.4.3　eBay后台管理

电商卖家可以在eBay后台设置运营规则、上传商品及管理订单，除此之外，eBay后台还有很多运营工具，可以帮助卖家更好地运营店铺，关于eBay这里不做赘述，在后面的第7章7.4里会详细介绍。本节主要介绍的是如何管理eBay后台。

5.4.3.1　后台设置运营规则

卖家可以在eBay后台设置店铺的运营规则，以此可以向买家展示卖家信息、支付信息及物流信息等。但需要满足以下条件和运营机制。

（1）上传营业执照。

（2）设置卖家承诺。

（3）设置指定的付款方式。

（4）设置物流政策。

（5）设置退货规则。

5.4.3.2 上传商品

上传商品与订单管理是两个不同的管理板块，它们是并列关系，用户在平台能看到的商品是通过"上传商品"添加的，订单管理是管理订单的。

以 eBay 美国站为例，卖家上传商品的流程和步骤为：输入商品—选择商品分类—填写商品信息（包括商品图、商品介绍、标题、特点、物流等）—选择售卖方式（如图 5-6 所示）。

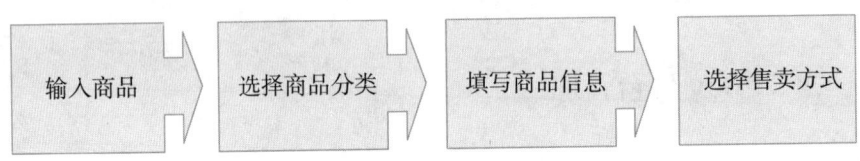

图 5-6 eBay 后台上传商品的流程

5.4.3.3 订单管理

在后台的订单管理板块中，卖家可以查收商品出售的货款或者取消交易。

关于查收货款，卖家必须绑定 PayPal 账户，PayPal 是类似于支付宝的第三方支付工具，每当买家下单并付款之后，买家就可以在 PayPal 账户中查看货款。

关于取消交易，一共分为三种情况，每一种情况在本书第 4 章都已经详细阐述过了，所以在此处就不再进行过多的解释说明了。

商场实战

电商运营看实战

实战效果靠策略

第6章

国内优秀跨境电商平台运营

提起跨境电商，可能一些国外跨境电商平台更为人们熟知，实际上国内也有很多优秀的跨境电商运营平台，这些平台致力于帮助中小企业开拓外贸市场，为各类中小企业的出口营销提供平台和一站式服务，它们就是阿里巴巴国际站、速卖通、京东国际、考拉海购。下面就来了解一下国内这些优秀的跨境电商平台及它们的运营策略。

6.1 阿里巴巴国际站

6.1.1 认识阿里巴巴国际站

阿里巴巴国际站是全球领先的企业间电子商务网站之一，是全球范围内重要的跨境电商服务平台。

阿里巴巴国际站成立于 1999 年，是阿里巴巴集团的首个网站。在数字化的今天，阿里巴巴国际站已经发展成为全球优秀数字外贸操作系统之一。

阿里巴巴国际站是向出口企业提供拓展国际市场的网络平台，帮助企业向海外买家展示和推广产品，从而获取贸易商机。全球进口商和买家都可以来这里寻找他们需要的产品或供应商。

阿里巴巴国际站受欢迎的原因还在于它可以提供一站式服务，即从入驻平台到店铺装修，从产品推广到店铺管理等，能够为企业解决一系列问题，帮助企业快速打开海外市场。

现在，阿里巴巴国际站的产品类别多样且齐全，覆盖范围更是广泛，涉及百余个国家和地区，被财经杂志《福布斯》誉为"全球最佳B2B网站"。（内容参考：https://news.zol.com.cn/2000/0704/6124.shtml）。

指|点|迷|津

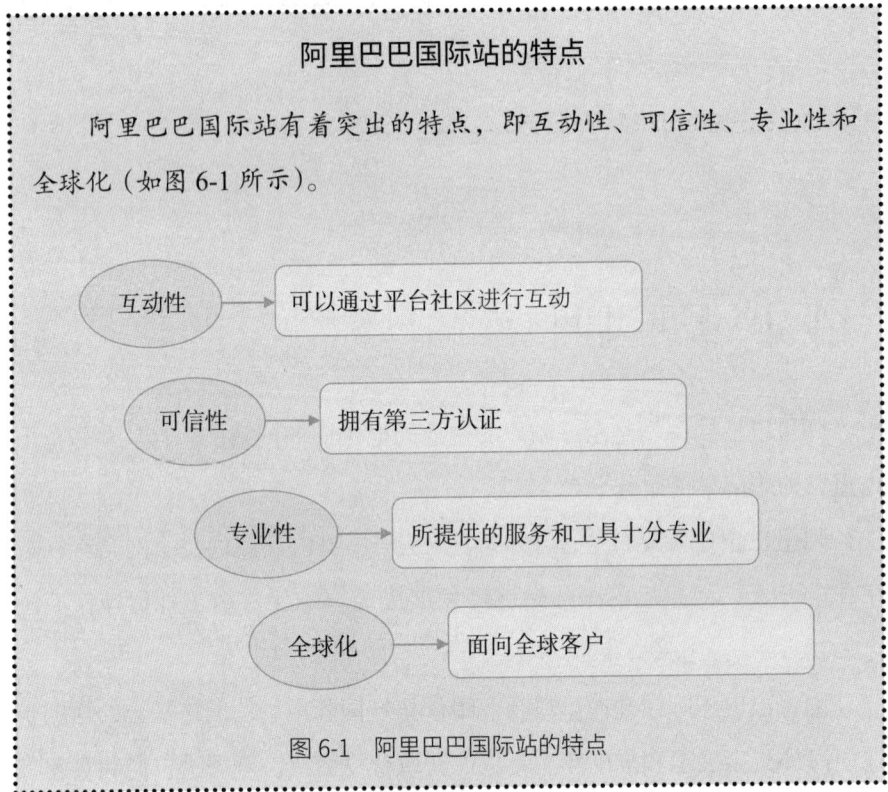

图 6-1　阿里巴巴国际站的特点

6.1.2　轻松四步走，入驻阿里巴巴国际站

通过阿里巴巴国际站，只要四步就可以开启你的跨境贸易（如图 6-2 所示）。

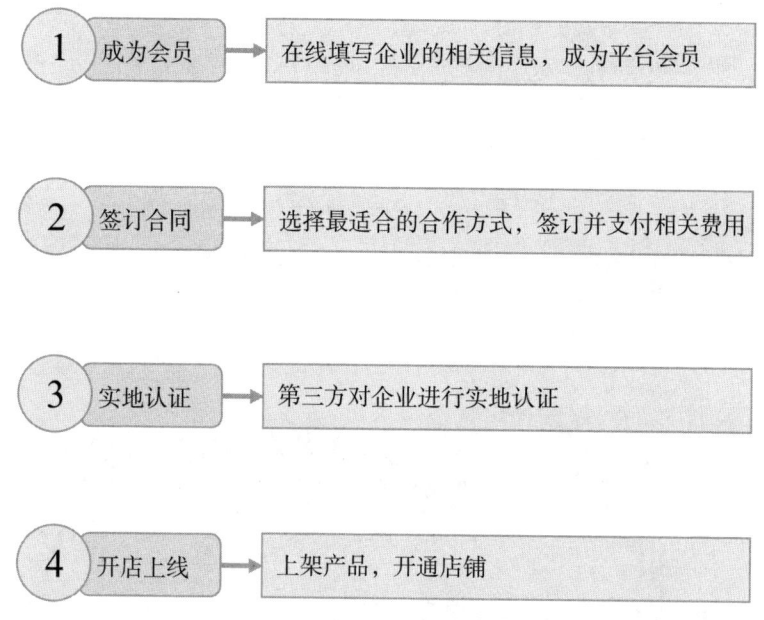

图 6-2 入驻阿里巴巴国际站的步骤

通过以上四步,你就可以成为阿里巴巴国际站的一员,就能开店上线卖产品了,从此也就开启了你的全球贸易之旅。

6.1.3 了解阿里巴巴国际站平台运营思路

线上开店只是开始,成功运营才是关键,所以入驻阿里巴巴国际站之后,就要着手运营店铺了。

下面通过图 6-3 来清晰梳理一下企业店铺在阿里巴巴国际站的运营思路。

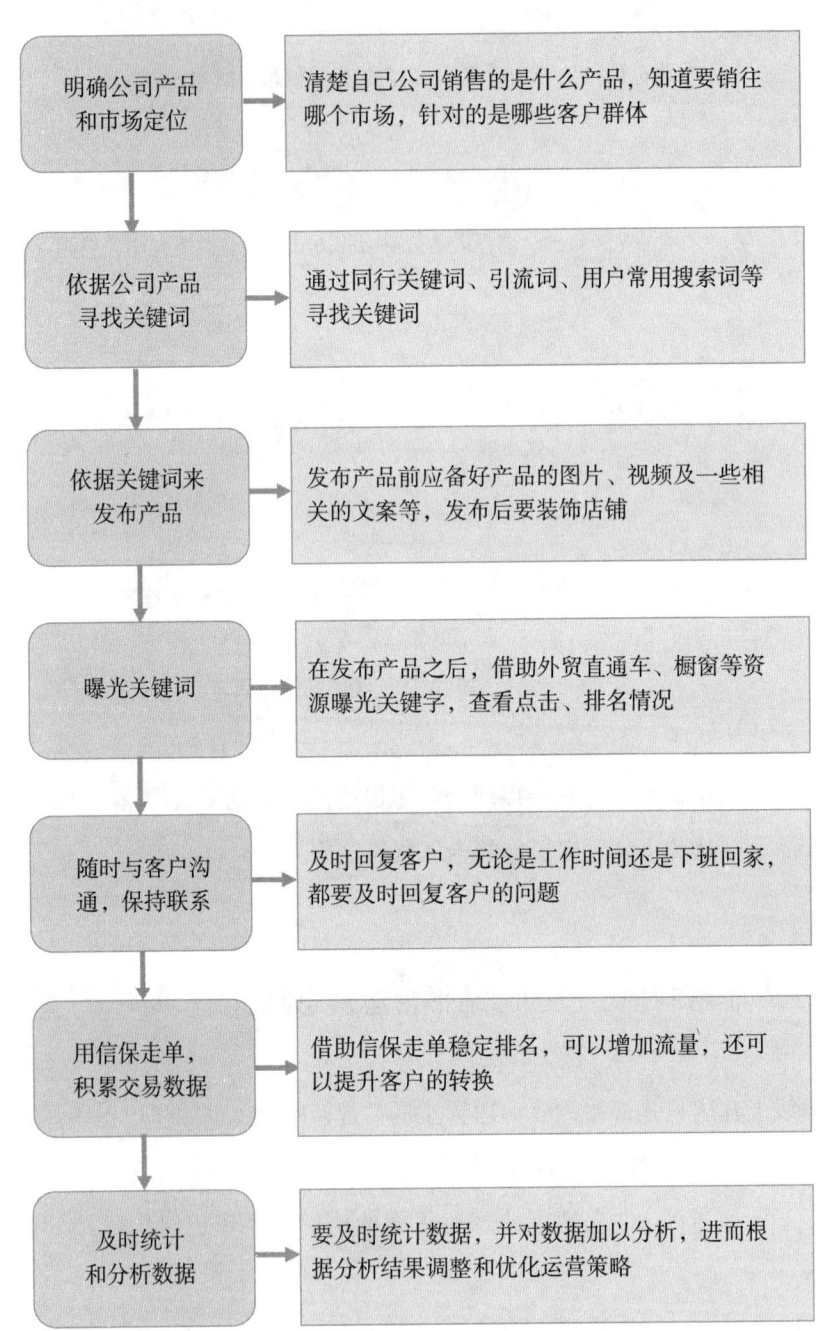

图 6-3 企业店铺在阿里巴巴国际站的运营思路

当明确了运营的思路，接下来就可以按照这个思路在阿里巴巴国际站平台上运营自己的店铺和产品了。

 运营案例

走向世界的玻璃生产企业

国内的一家玻璃生产企业，一直以来通过线下的方式，如参加广交会、业务员开发客户等方式进行营销，但效果并不理想，而且业绩增长有限。

之后，该企业老板转变思维，开始将目光锁定在跨境电商业务上，并入驻阿里巴巴国际站平台成为会员。接下来，该企业老板一方面分析海外市场，另一方面积极与客户沟通，并根据客户反馈意见及平台数据，调整运营策略，丰富产品种类。很快，该企业收益剧增，每天迎接着来自世界各地的订单。

该玻璃生产企业的成功并不是偶然的，而在于企业思维的转变及有效的运营。如果一味执着于线下销售，不把握市场变化趋势，不采取有效的运营策略，不了解市场和客户需求，是不可能走向海外，获得傲人的成绩的。

6.2 速卖通

6.2.1 认识速卖通

速卖通,是阿里巴巴全球速卖通(AliExpress)的简称,于2010年成立,是面向国际市场的在线交易平台。

简单来讲,速卖通是阿里巴巴为协助中小企业接触海外终端消费者,以小批量、多批次的形式获取利润而打造的集订单、支付、物流于一体的跨境电商交易平台。

速卖通直接接受海外买家用户的订单,以支付宝国际账号进行担保,通过国际物流的方式为客户发货。

目前,速卖通遍及全球220多个国家和地区,覆盖服装、家居等20多个行业类目,支持几十个国家的当地支付方式,位列全球第三大英文在线购物网站。

早期被人们称为"国际版淘宝"的速卖通开店门槛较低,只需要一张身份证和少量的保证金就可以开店卖货。

2016年之后，速卖通提高了开店门槛，店家必须具有公司资质才可以在速卖通上开设店铺。经过一番改革，速卖通由原先的C2C升级为B2C，也有了现在的"国际版天猫"的称号。

 **指|点|迷|津**

速卖通与阿里巴巴国际站的区别

同为阿里巴巴集团旗下的业务板块，同是面向海外市场的交易平台，速卖通和阿里巴巴国际站有什么区别呢？下面来具体了解一下（如图6-4所示）。

	速卖通	阿里巴巴国际站
贸易性质	B2C	B2B
赢利模式	收取会员费	收取佣金
产品类型	没有限制	体积小、产品附加值高
运输方式	协商决定，海运为主	以空运、国际快递为主
支付方式	可以线下交易	Alipay线上交易

图6-4 速卖通与阿里巴巴国际站的区别

> 由此可以看出,速卖通与阿里巴巴国际站在很多方面都有着较大差别,不过二者最大的区别还是 B2C 与 B2B 的区别。速卖通以批发零售为主,针对的是国外的商贩或终端消费者;阿里巴巴国际站针对的主要是国外采购商。你可以根据二者的区别和自己的情况选择入驻不同的平台。

6.2.2 入驻速卖通,开通梦想小店

要想在速卖通上拥有一家自己的店铺其实并不难,只要完成下面五步,你就可以拥有自己的一家店铺(如图 6-5 所示)。

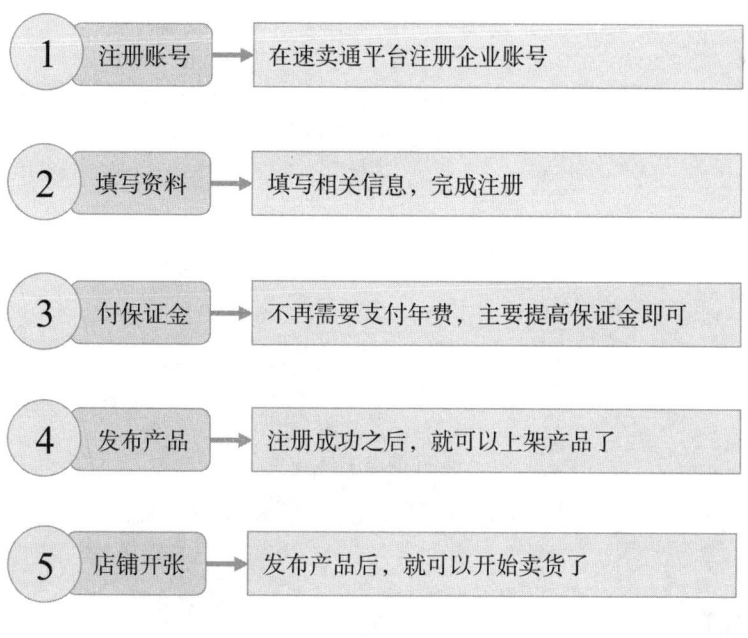

图 6-5 入驻速卖通平台的步骤

6.2.3 掌握速卖通平台运营策略

6.2.3.1 速卖通平台运营实操技巧

当在速卖通平台注册之后，就可以开店营业了。不过，店铺营业的效益如何，关键还要看运营。下面就针对速卖通平台运营实操技巧进行简要说明（如图6-6所示）。

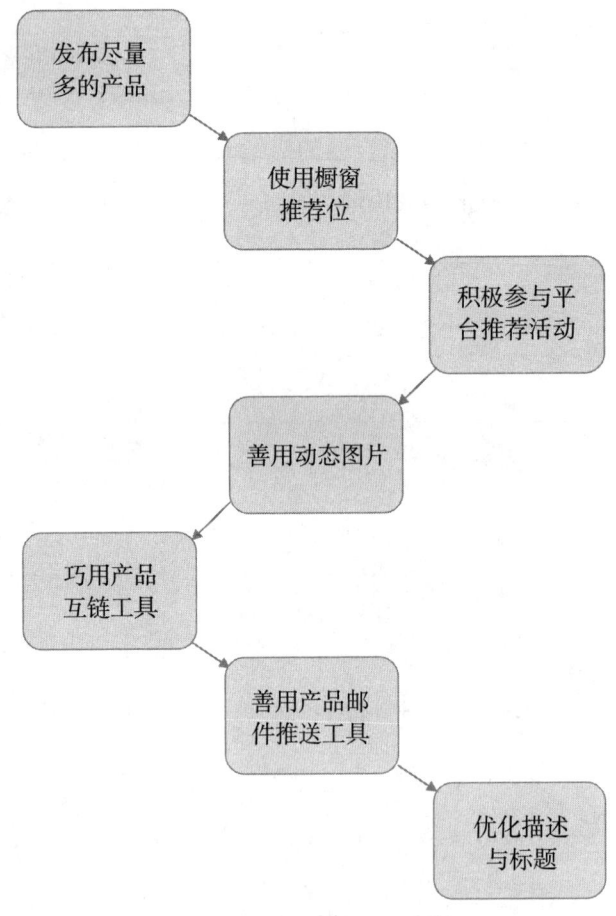

图6-6 速卖通平台运营实操技巧

当发布产品时，要发布尽量多的产品，这样可以有效增加产品曝光率。不过在发布的时候注意尽量不要一次性发布，可以分批发布，每天发布几件产品，这样可以持续更新，在产品上新的搜索排名中会更具优势。

合理使用橱窗推荐位，能够有效增加产品的排序权限，使产品的排序得到提升。

当速卖通平台举办产品推荐活动时，要积极参加，这样可以有效提高产品曝光率和交易额。对此，要多关注速卖通平台发布的各项通知，并积极参与。

文字大都不抵一张精美的图片对人的视觉吸引力大，所以应适当上传产品图片，再利用速卖通平台的动态图片功能形成动态图片，对消费者形成视觉上的冲击和吸引，进而促进交易。

使用产品互链工具，可以让消费者查看某一产品时，看到与该产品类似的一系列产品，显著提高了产品的整体曝光率，具有间接促销的作用。

当前，邮件已不再是国内消费者和卖家交流的主要方式，却是欧美地区消费者与卖家的重要沟通方式。一旦买家订阅邮件推送，速卖通平台每周都会根据消费者的需求倾向推送相关的优质店铺和产品信息。借助平台的邮件推送工具，就可以有目的地向消费者推荐自己的产品，进而提高产品曝光率，扩大受众群体。

没有人会喜欢烦琐的文字介绍和描述，尤其是习惯于开门见山的外国消费者，所以卖家应注意优化店铺标题和产品描述，可以采用图文结合的方式，做到简洁大方。

运用上述运营技巧，相信你的店铺会有效提高曝光率，店铺排序也会得到提升。

6.2.3.2 速卖通平台引流方法

一家店铺要想实现更大的交易量，不仅要善用运营技巧，还要不断引流，吸引更多流量。这就需要掌握一些引流渠道和方法来推广店铺，吸引消费者的注意，进而扩大店铺知名度。

通常情况下，店铺引流的方法有以下几种（如图6-7所示）。

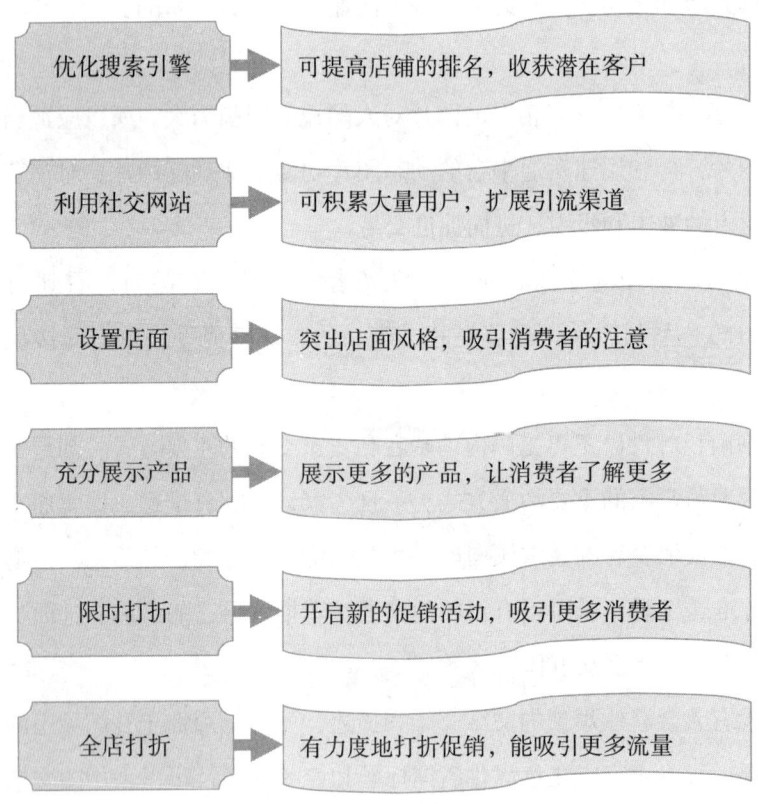

图6-7 速卖通平台店铺引流的方法

通过上述引流方法，能有效吸引消费者，扩大店铺知名度，吸引更多流量，提高交易成功率。

不过，在运营和引流的时候也不要忽视与客户的沟通和售后服务，精准细致的服务可以优化消费者的购买体验，而且有效的沟通能够深入了解消费者的喜好，基于此，今后就可以实现精准营销，进而吸引和留住客户。

 运 营 案 例

用心的维护，换来超高复购率

国内有一家玩偶企业，最初主要针对国内市场做一些批发零售，之后开始将目光转向海外，入驻速卖通，面向海外消费者展开营销。在短短的几年内，这家店铺凭借精细化的运营，吸引了世界各地的消费者，积累了大量粉丝。

这家店铺定位十分明确，即"全手工定制"，让消费者参与到产品制作中，满足消费者的不同需求。

该店铺还非常注重用户的评价，定期收集用户意见，并将收集到的意见加以整理反馈到产品制造环节，对产品生产制造环节进行优化。

不仅如此，该店铺还借用社交平台以及速卖通平台上的各种工具大力推广产品，积极与粉丝交流互动，开展优惠活动，增加用户黏性。

此外，该店铺开通了全天候的客户服务，随时为消费者服务，帮助消费者解决各种问题，优化消费者体验，让消费者放心购买。

该店铺精细化的运营策略、用心的服务，换来了超高的复购率，粉丝数量不断增多，用户黏性也逐渐提高。

6.3 京东国际

6.3.1 认识京东国际

京东国际（JD.COM），前身为"海囤全球"与"京东全球购"，是京东集团旗下致力于引进全球优质产品并进行销售的电商平台。京东国际针对的用户群体是国内消费者，目的是为消费者提供海外直销商品。

京东国际虽然在跨境电商领域起步较晚，但竞争力十分强劲。京东国际并不是一下子就发展起来的，而是经历了不同的阶段（如图6-8所示）。

萌芽期：2013年初成立"全球购"部门

发展期：2014年开始涉足跨境电商业务

爆发期：2015年正式上线京东全球购业务

图6-8 京东国际的发展历程

京东国际与海外商家合作，形成了两种销售模式，一种是自营模式，另一种是平台模式。自营模式是指通过保税区内专业服务商提供支持，京东在海外自主采购进行销售；平台模式是指以跨境电商的模式引入海外商品，也就是海外公司作为第三方入驻京东国际平台销售产品。

京东国际的产品覆盖母婴、服装、美妆、营养保健、进口食品、汽车等众多产品品类，满足了消费者"足不出户"就能全球购物的心愿。

指|点|迷|津

京东国际与京东自营的区别

同为京东集团旗下的业务，你知道京东国际与京东自营之间的区别吗？下面就简单梳理一下二者的区别（如图6-9所示）。

	京东国际	京东自营
商品范围	进口产品	国内产品
采购方式	海外采购	京东直采
物流速度	速度较慢	速度较快

图6-9 京东国际与京东自营的区别

可以看出，京东国际主要是为消费者提供进口产品，采购方式为

> 海外采购，物流速度相对较慢。
>
> 　　京东自营主要为消费者提供国内产品，采购方式是京东直接采购，物流速度比较快。

6.3.2 掌握京东国际平台运营策略

上文提到，京东国际有两种运营模式，一种是自营模式，另一种是平台模式。下面就对隶属于跨境电商模式的平台模式的运营进行说明。

6.3.2.1 满足基本条件，进行跨境贸易

要入驻京东国际，必须满足以下基本条件（如图 6-10 所示）。

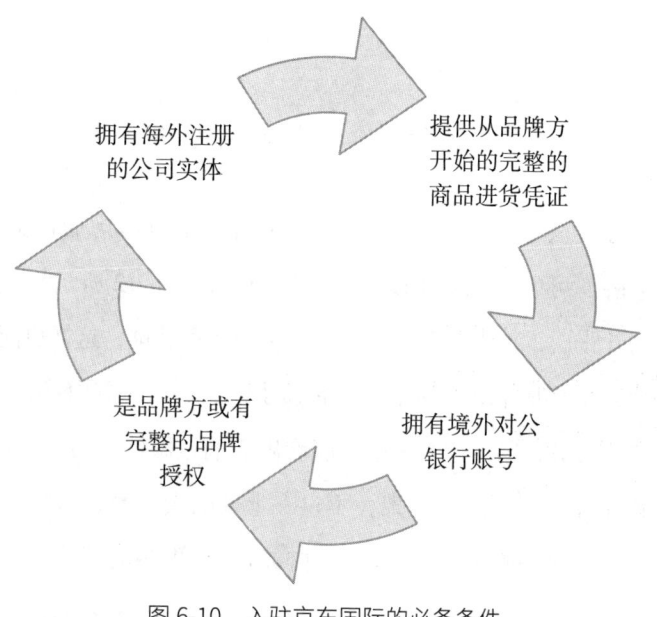

图 6-10　入驻京东国际的必备条件

当满足了上述条件，你就可以着手入驻京东国际平台了，具体步骤如图 6-11 所示。

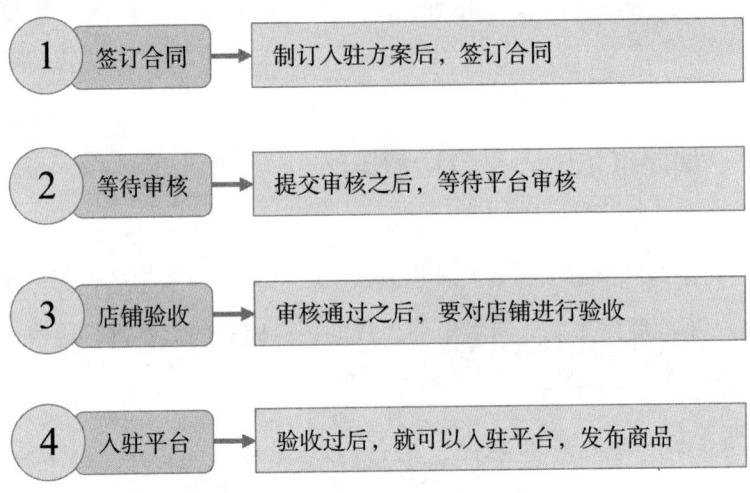

图 6-11　入驻京东国际平台的步骤

6.3.2.2　掌握京东国际平台运营实操技巧

当入驻了京东国际平台之后，接下来就要重点考虑店铺的运营问题了。具体来讲，可以尝试采用以下运营技巧（如图 6-12 所示）。

在店铺开张后，首先要对店铺进行一番设计和装饰，这样更能吸引消费者的眼球。对首页进行设计的时候要注意两个方面：一是颜色清新，让人感觉舒适；二是风格突出，让人一眼就能看出店铺是做什么的。

当有新品面世时要及时上架，不过在上架时要注意，最好选择在流量高峰期前上架，比如晚上 8 点之前，这样可以让更多的消费者看到，会产生更多流量。

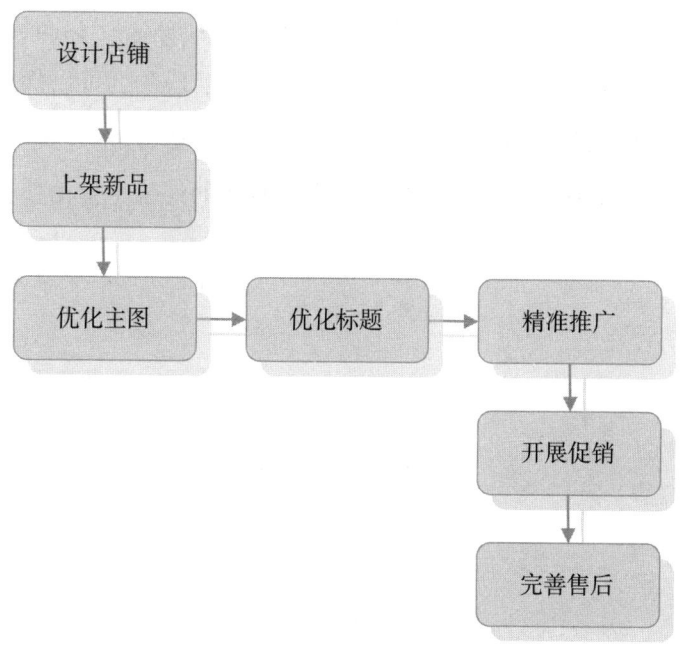

图 6-12　京东国际平台运营实操技巧

消费者往往会通过产品主图对产品形成第一印象,所以主图对于店铺而言十分重要。对主图进行优化,可以有效吸引消费者点击,从而提高销售量。

除了要重视主图优化,也要重视标题优化。一般标题不宜太长,但也不宜太过精简,应能覆盖产品可以用到的所有关键词和热词。

当基础工作做好之后,接下来就要进行产品推广了。可以选用平台内的京东快车工具进行推广,这样可以获取更多流量。具体在京东快车内可以选好时段、城市区域、目标人群、助推产品等,做到精细化推广,就有机会获得高点击率和高转化率。

促销活动必不可少,可以是单品促销,可以是满减促销,也可以是赠品促销,还可以是加价购促销,另外也要紧跟平台本身的促销活动,如情人节、母亲节、"双十一"促销等。这样可以增加流量，提高转化率。

售后工作必不可少，也不能忽视。完善售后服务，可以优化消费者的体验，增加回购率。具体而言，店铺要帮助消费者解决一些关于产品的疑问，同时要注重消费者评价，根据消费者的评价了解消费者，并不断优化服务。

6.4　考拉海购

6.4.1　认识考拉海购

现在的考拉海购就是曾经的网易考拉海购，目前是以跨境电商业务为主的会员电商平台。2019 年，网易考拉海购被阿里巴巴集团以 20 亿美元全资收购，后更名为"考拉海购"。

考拉海购主打自营直采的理念和模式，深入原产地直采高品质商品，运输回国后在海关和国家检测部门的监督储存到保税区仓库，然后供中国用户消费使用，不仅质量可靠，而且价格优惠，真正实现了"用更少的钱过更好的生活"。

考拉海购模式与传统海外购物模式有着明显的区别，具体如下图 6-13 所示。

考拉海购模式与传统海外购物模式的显著区别不仅体现在环节上，还体现在运营成本上。很明显，考拉海购运营模式更加直接，节省了很多中间环节，而且成本费用降低了不少，这样从中能够直接受益的就是消费者。

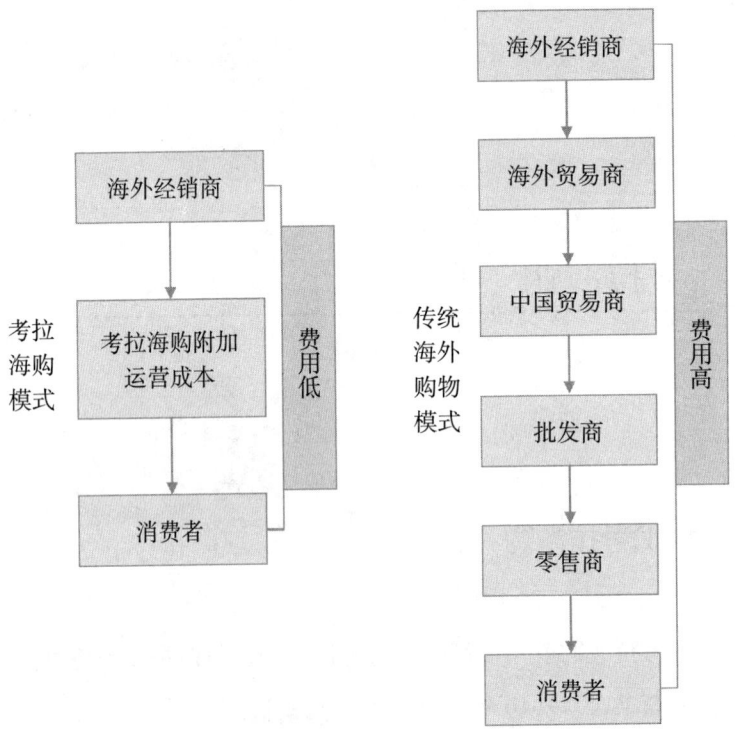

图 6-13 考拉海购模式与传统海外购物模式的区别

 指│点│迷│津

天猫国际与考拉海购比较

天猫国际与考拉海购同属阿里巴巴集团旗下跨境 B2C 进口电商，二者具有怎样的差异呢？具体分析如下。

具体来说，天猫国际与考拉海购在平台类型、支付方式、物流配送及盈利方式上有一定的差别，而且各具特色，各有所长（如图 6-14 所示）。

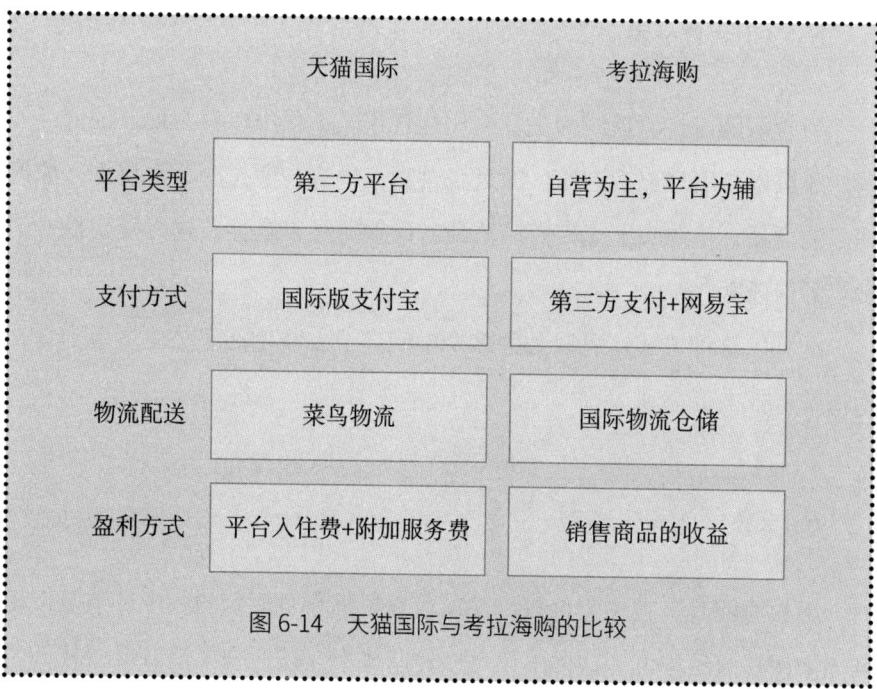

图 6-14 天猫国际与考拉海购的比较

6.4.2 了解考拉海购的运营方式及其优势

考拉海购有着自己独特的运营方式与优势，具体体现在如图 6-15 所示的几个方面。

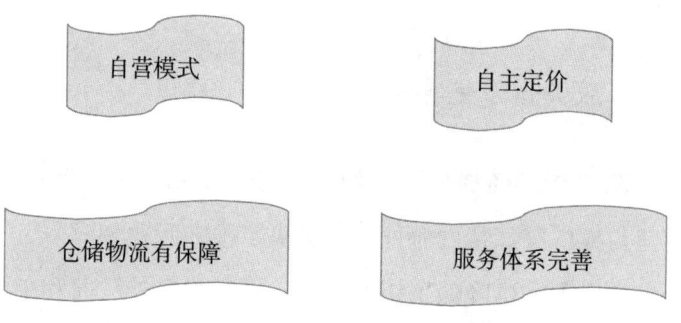

图 6-15 考拉海购的运营方式

6.4.2.1 自营模式

考拉海购以自营模式为主，采用这种模式不仅可以有力地掌控商品质量，还可以与用户直接沟通。通过自营直采模式，考拉海购直接深入原产地采购商品，从源头上把控商品质量，确保商品安全性，这无疑会提升消费者的信任度。

此外，这种方式还可以免去多个中间环节，既增加了核心竞争力，又为消费者带来了福利。

6.4.2.2 自主定价

考拉海购具有自主定价权，卖家可以根据自身运营的各个环节及市场环境来调整商品售价。这样不仅可以控制成本，还迎合了消费者以较低的价格购买较好的商品的心理。

6.4.2.3 仓储物流有保障

目前，有着最大规模保税仓的考拉海购可以实现快速发展，而且仓储业务和菜鸟打通，可以将商品快速送至消费者手中。

6.4.2.4 服务体系完善

考拉海购还为厂商提供了保姆式服务，从物流仓储到跨境支付再到线上运营与推广等，帮助海外厂商解决了很多问题和障碍，不仅降低了海外厂商的成本，也降低了销售价格，做到了海外厂商和中国消费者双赢。

 运 营 案 例

见证考拉海购直采全过程

大型特别报道《数说命运共同体》在央视新闻《朝闻天下》首播，通过央视镜头，考拉海购向人们展示了其全球选购优质产品的全过程。

主持人深入原产地，探访了泰国乳胶工厂，并通过镜头向外界展示了泰国乳胶枕从订购开始，到丛林割胶，到工厂加工，再到包装检验，最后装箱验货运往保税仓的完整过程。

随着产品直采过程在多个新闻栏目的连续播出，考拉海购平台的泰国乳胶枕一夜爆红，随之迎来巨大销售量。

第7章

试水欧美：跨境电商红海搏击

当一个地区的跨境电商发展到一定程度,就会出现竞争压力大、市场趋于饱和的状况,这就是跨境电商的红海时期。在竞争激烈的红海时期,一些大的跨境电商平台往往掌握着巨大的市场份额,如今欧美几大跨境电商平台的发展正处于这样的状况中。

欧美地区比较大的跨境电商平台主要有Amazon、Joom、Wish、eBay等。要做好跨境电商,选择适合的平台是非常重要的一步,欧美跨境电商市场成熟,对新入行者来说,充满了诱惑与挑战,下面详细了解一下这些平台吧。

7.1 Amazon

7.1.1 认识 Amazon 平台

Amazon（亚马逊）是一家 1995 年成立于美国的跨境电商平台，开始主要做书籍销售，如今经营产品种类已经非常广泛、丰富，该平台也是我国网友比较熟悉的跨境电商（以下均称亚马逊）。

亚马逊作为全球网络零售商，是一家提供大数据、云计算、云解决方案的公司，拥有更大更广阔的市场。此平台强调突出产品、弱化店铺，即便你只有一种产品，也能在亚马逊平台上出售。

7.1.1.1 平台销售品类

亚马逊平台销售的产品种类繁多，主要有电子产品、电子数码配件、电子图书、母婴用品、办公用品、文具、体育与户外用品、服饰、鞋类、美妆个护用品、汽车及配件等。你可以按照平台中产品的分类判断自己是否适合在此平台开网店。

7.1.1.2 平台收费标准

亚马逊平台的收费项目主要有固定交易费、销售佣金、月租费和单件销售费用，基于两种不同的卖家账户类型：专业卖家（professional）和个人卖家（individual），收费标准略有不同（如图7-1所示）。

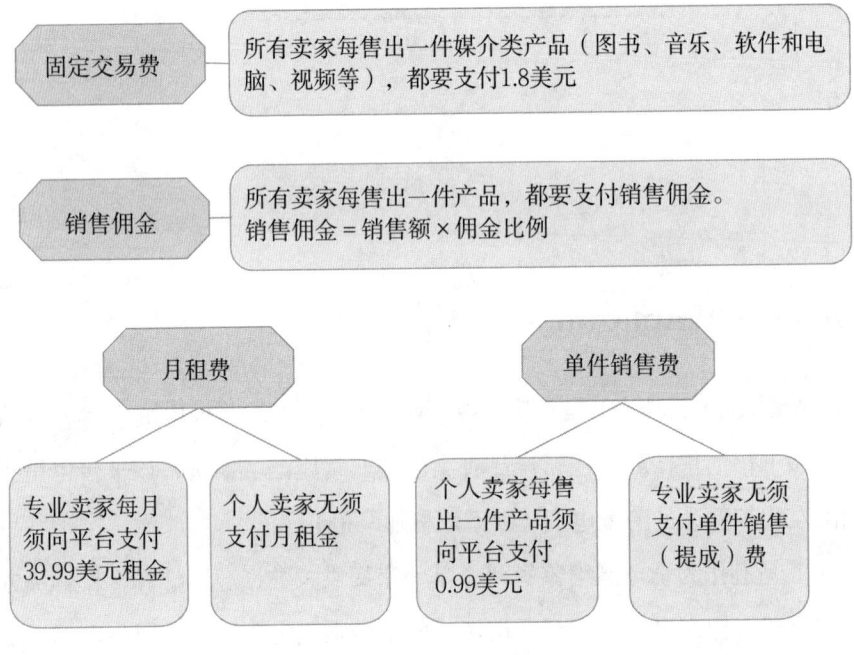

图 7-1 亚马逊电商平台的收费标准

7.1.2 注册卖家账户，入驻亚马逊平台

在注册亚马逊电商账户之前，要先做好一些准备工作，然后再注册账户。电商账户注册有自注册和通过招商经理注册两种方式（如图7-2所示）。自注册账户就是自己在亚马逊平台上注册账户，招商经理注册是向

亚马逊在各个国家和地区的招商团队（招商经理）提交材料，通过招商团队（招商经理）提供的注册方法注册账户。

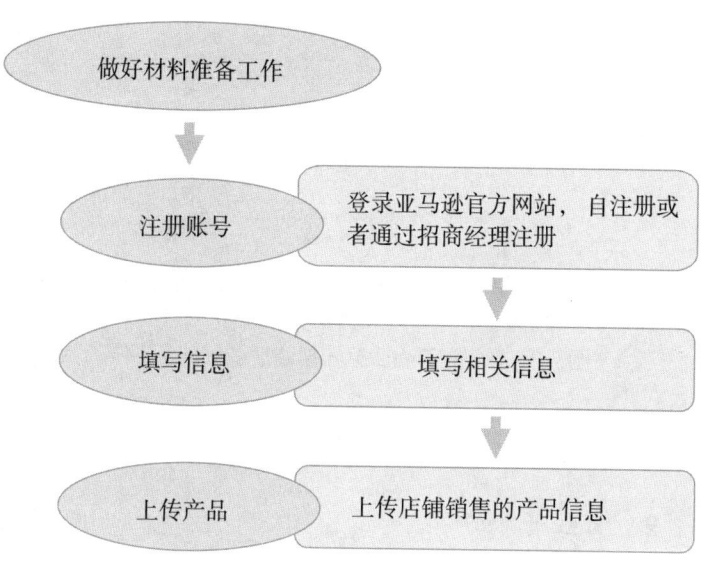

图 7-2　入驻亚马逊平台的步骤

7.1.2.1　注册前的准备工作

在注册之前，首先要明确公司、品牌或者产品，这些是注册时的必填信息。经营的公司或者品牌要在一个固定的国家或者区域，因为填写信息时需要选择地区或者国家。

此外，你还需要办一个在亚马逊上可以支付的信用卡（一般用Master、Visa 的信用卡），并且清楚自己的各类详细信息（如图 7-3 所示）。

有确定的公司、品牌或产品

面向一个固定的地区或者国家开店

可用信用卡：Master、Visa 的信用卡

清楚自己的各类详细信息

图 7-3 亚马逊平台卖家账户注册前的准备工作

7.1.2.2 自注册账户

在搜索引擎（如百度、360搜索、搜狐搜索等）中搜索并进入亚马逊官网。

首先在右上角找到"注册""登录"按钮进行注册或登录（如果是新用户，注册之后再登录）。

新用户在官网的搜索框下面点击"全球开店"，进入新跳转的页面后再点击"注册"按钮，然后跳到信息填写页面。在信息填写页面中按照系统提示全部填完之后点击"同意并继续"，进入下一页（后面还有账单、店铺、验证等）的信息填写，按照提示一一完成，完成后等待验证（如图7-4所示）。

第 7 章　试水欧美：跨境电商红海搏击

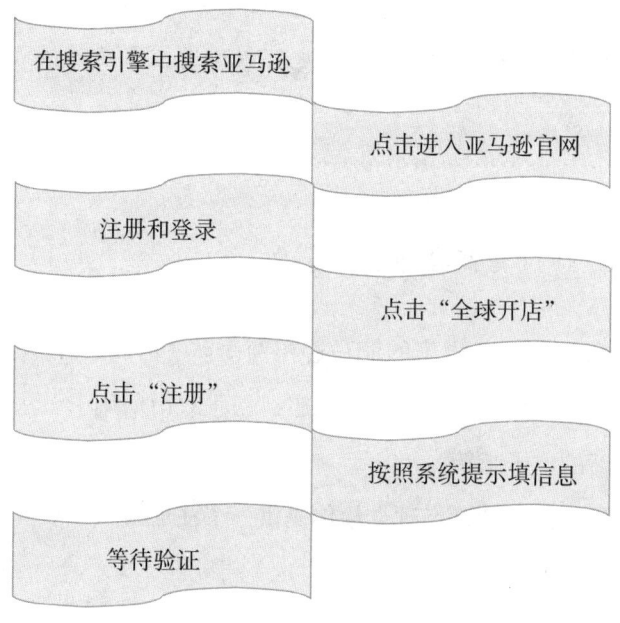

图 7-4　亚马逊平台卖家自注册账户的流程

指|点|迷|津

自注册要慎重

亚马逊电商账号注册具有唯一性，即使用你的身份信息、营业执照及 IP 地址只能注册一个账号，注册的过程中要确保所有信息没有任何的差错，如果信息出错会导致注册失败。

如果注册失败，你想再重新注册是不可以的。如果要重新注册，必须使用新的身份证、营业执照及 IP 地址等。

因此，你如果要自注册账号，一定要仔细核对信息，确保每一项

> 信息都填写正确。如果你不放心，也可以通过招商经理注册的方式进行注册。

7.1.2.3 通过招商经理注册账户

找到你所在地区或国家的亚马逊招商团队（招商经理），提交一套完整的注册材料，具体包括一份营业执照、一张双币信用卡、法人的身份证复印件、全新的电子邮箱。

经过审核之后，招商经理会给你提供一个注册链接，点开链接按照提示注册即可（如图 7-5 所示）。

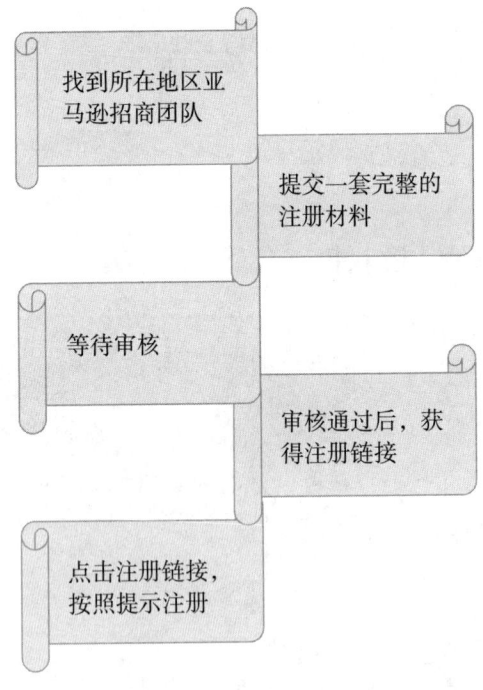

图 7-5 亚马逊平台通过招商经理注册账户的流程

注册亚马逊的卖家账户需要特别注意的是，你的营业执照最好与贸易、进出口等挂钩，公司名称以汉语拼音的形式填写即可。最好在每年的4月份之前注册账户，因为4月份之后各地区的招商经理大都已经完成了业绩，这时就只会接受一些较大的工厂型商家，注册的成功率会相对降低。

7.1.3 上传产品

账户注册成功之后，就可以上传你的产品信息、图片等，买家在网页上就能看到并购买你的产品了。

上传产品的方法有两种：跟卖上传产品和自建上传产品。

7.1.3.1 跟卖上传产品

跟卖是亚马逊平台上的一大特色，许多大品牌都会授权各卖家跟卖产品，这对于很多新卖家来说操作十分方便（如图7-6所示）。

新手卖家可以在后台管理页面中点击"库存"，再点击"添加新产品"，就会出现发布产品的页面。在搜索框中用英语或欧洲其他国家语言输入你的产品名称，点击"搜索"，搜索结果中会出现很多相关的产品。

选择跟自己产品相同的产品，点击其旁边的"显示产品变体"。如果出现"出售此产品"，代表你可以跟着出售同款产品，如果出现"需要发布权限"，那么需要得到品牌方授权才能出售同款产品。

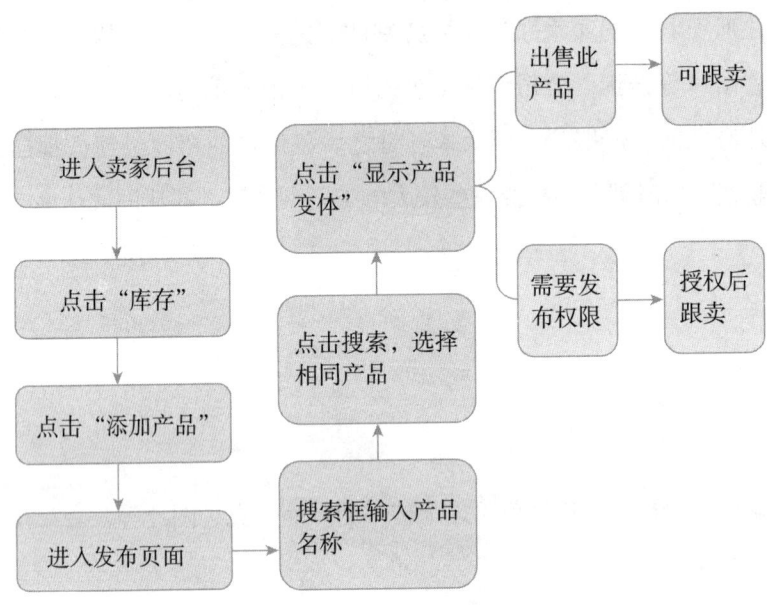

图 7-6　亚马逊平台跟卖上传产品的流程

7.1.3.2　自建上传产品

自建上传产品就是自己创建产品信息上传（如图 7-7 所示）。

在后台管理页面中点击"库存"，点击"添加产品"，进入产品发布页面。

点击搜索栏下方的"创建新产品信息"，会跳转出现新建产品页面，接着就要选择产品类别，你可以在"搜索您的产品分类"中输入待售的产品名称，点击搜索分类，也可以在下面的"所有产品分类"中选择类别。

选好产品分类后进入产品详情页面，在这里有八个板块的信息需要填写，按照系统提示一一填好之后，点击"保存并发布"（Save and finished），产品就上传完成了。

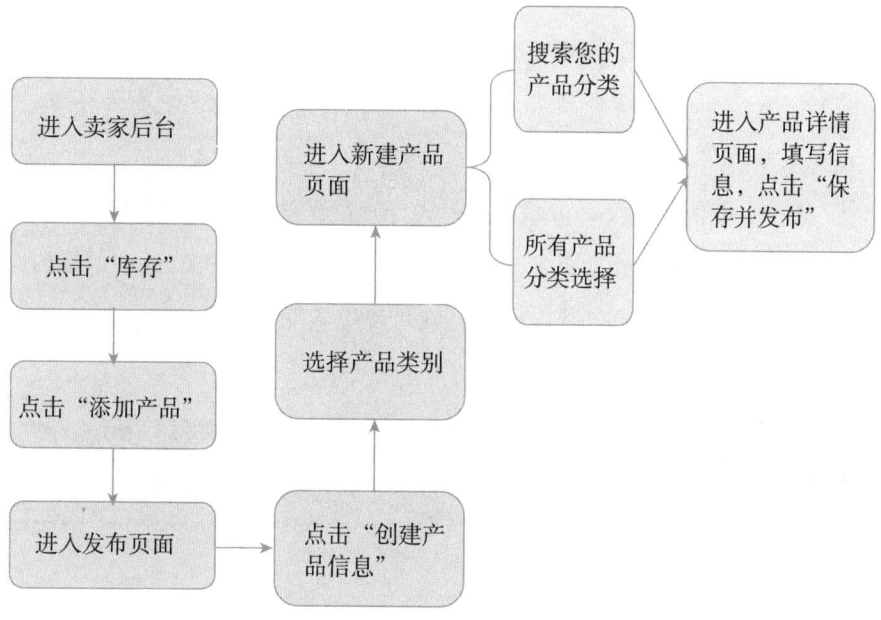

图 7-7　亚马逊平台自建上传产品的流程

挖掘自己的优势，才能做好跨境电商

在各大平台入驻做跨境电商，并非只要知道如何操作就可以，更重要的是还要有做生意的头脑，要会挖掘自己产品的优势。

A 公司是某跨境电商平台的卖家，主要经营移动电源、充电线、数据线、蓝牙音箱等数码周边产品。该企业有非常清晰的定位，就是以产品为重，产品的外观、实用性、耐用性都是被重点考虑的运营推广要素，同时尽可能地减少售后问题，这样就最大限度地降低了亏损。此外，A公司重视联合研发、设计、运营、销售、售后等各个环节，以稳定输出优质产品。

　　M公司看到了A公司的成功，觉得跨境销售数码配件很赚钱，于是在亚马逊平台注册了卖家账户，售卖自己公司的数码配件，但他们并未分析自己产品的优势在哪里，在跨境电商平台运营中缺少主推产品，也体现不出竞争优势，产品销量平平。

　　要想做好跨境电商，一定要有自己的思路，要有清晰的定位。如果盲目跟风运营，成功的概率会很小。

7.2 Joom

7.2.1 全新的 Joom 平台

Joom 是俄罗斯 2016 年 6 月上线的一个跨境电商平台，同年 11 月就对中国卖家开放，主要运营范围是俄罗斯、美国、欧盟。目前 Joom 平台卖家的增长速度非常快，销售额也与日俱增。

Joom 平台在产品推送、折扣、售后保障、运输等方面都有各种不同的优势，具体如图 7-8 所示。

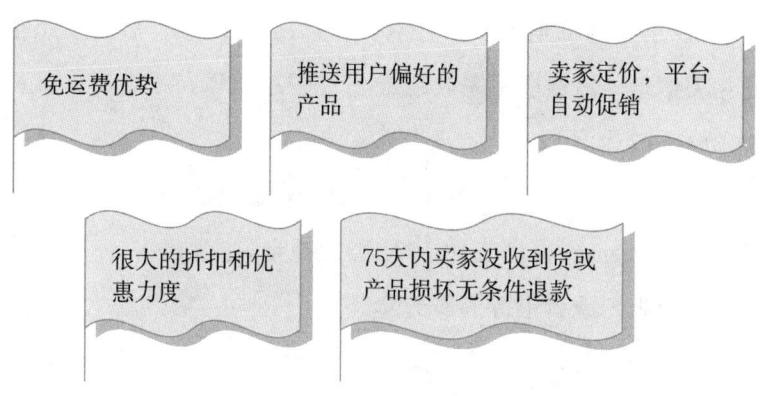

图 7-8　借助 Joom 平台做跨境电商的优势

7.2.2 注册卖家账户，入驻 Joom 平台

了解了在 Joom 平台开展跨境电商运营的优势之后，如果你已经满足入驻 Joom 平台的条件，可以按照如图 7-9 所示步骤入驻 Joom 平台。

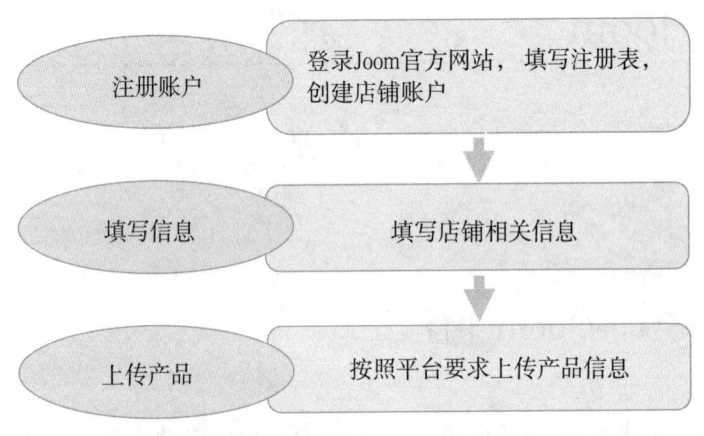

图 7-9 入驻 Joom 平台的步骤

入驻 Joom 平台的过程中，注册账户是最关键的一步，如果你已经满足入驻平台的条件，并且具备全部的平台入驻材料，那么你就可以在 Joom 官网页面中注册账户了，账户注册具体流程如下。

进入 Joom 平台注册网页，在网页中点击"开始"，然后按照系统提示填写相关信息。信息填写完成后点击"提交"，等待平台工作人员审核（一般需要 1~2 个月）。

信息审核通过之后，平台工作人员会联系你。此时，你需要先向 Joom 公司的 Payoneer 账户支付 1000 美元押金。支付时，你可以用你公司的 Payoneer 账户或者银行卡来支付。

完成注册流程后，登录卖家后台管理页面，点击"店铺"，进入店铺页面，点击"开新店"，可以设置店铺名称和头像等（如图 7-10 所示）。

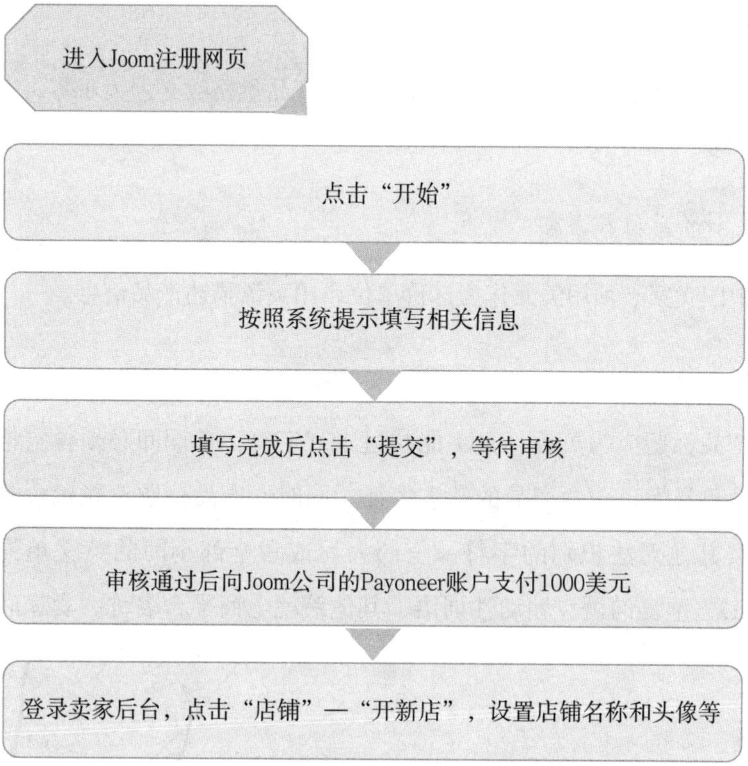

```
进入Joom注册网页
        ↓
      点击"开始"
        ↓
   按照系统提示填写相关信息
        ↓
   填写完成后点击"提交",等待审核
        ↓
   审核通过后向Joom公司的Payoneer账户支付1000美元
        ↓
   登录卖家后台,点击"店铺"—"开新店",设置店铺名称和头像等
```

图 7-10　Joom 平台卖家账户注册的流程

7.2.3　按照要求上传产品

7.2.3.1　上传产品信息的要求

在上传产品之前,你首先要知道平台对上传的产品信息的要求,以免你上传的产品信息不合规,不被平台审核通过。

1. 费用信息

必须分开设置产品价格和产品运费。产品价格数必须大于零，运费必须大于零。

2. 计价单位和语言

中国卖家必须用美元作为计价单位，用英语描述产品信息。

3. 产品标题

产品标题应为英语，且不能超过 150 字符，单词间必须含空格，内容应简单易懂，包含产品的基本特征。同时，产品标题不能包含非英文字符及其他无法识别的字符、全部大写或者全部小写的英文单词、产品 SKU、重复词语、煽动性词语、其他跨境电商平台名称、卖家联系方式等。

4. 产品图片

图片像素大于或等于 550×550px，大小在 10M 内；图片形状最好为正方形，长方形的图片比例要在 1∶1 到 3∶4 之间；可以接受的图片格式为 png、jpg 或 jpeg；图片画质要高，并且要有产品的正面图。

7.2.3.2　上传产品的方式

注册了卖家账户之后，你就可以上传产品进行销售了，上传产品前先仔细阅读上传产品信息的要求。

Joom 平台上传产品的方法主要有两种，即后台上传产品、CSV 文件上传产品，流程分别如图 7-11、图 7-12 所示。

1. 后台上传产品

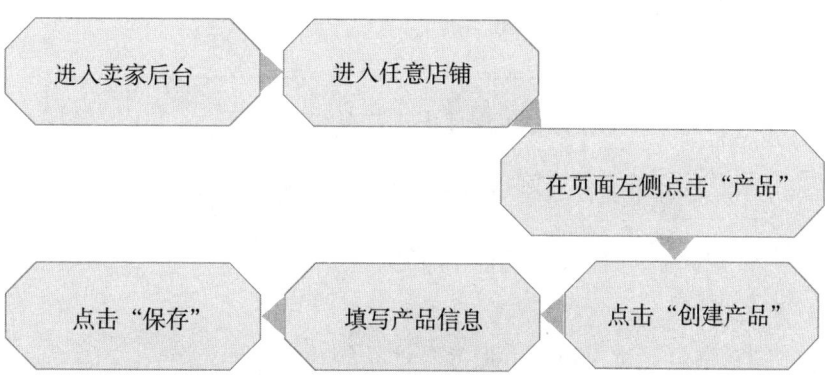

图 7-11　卖家后台上传产品的流程

2. CSV 文件上传产品

CSV 文件是一个表格文件，上传前你需要先在文件中填写相关信息，上传时也在卖家后台操作，可以批量上传产品信息。

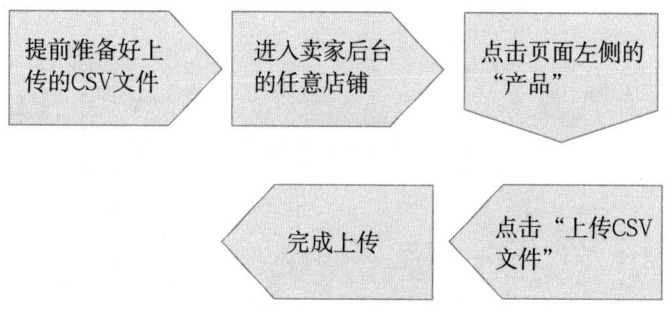

图 7-12　CSV 文件上传产品的流程

指|点|迷|津

Joom 平台禁止售卖的产品类型

Joom 平台中可以销售的产品种类众多，但也有很多禁止售卖的产品类型，主要包括以下几类。

（1）侵犯第三方知识产权或者著作权的货物。

（2）酒精、医用酒精、医疗器材。

（3）烟草、电子香烟及吸烟器。

（4）用于战斗的武器、火药及夜视器、枪支消音器等。

（5）具有危险性的刀具、飞镖、双节棍、棍棒等。

（6）用途不合法的物品和政治敏感物品。

（7）遗体以及人身体部位，比如牙齿、头发、骨灰等。

（8）禁止卖家向俄罗斯地区出售各类种子。

（9）禁止出售功率在 1mW 以上或者未注明功率的激光镭射笔。

7.3 Wish

7.3.1 认识 Wish 平台

Wish 是欧美地区一个非常火热的跨境电商平台，有 iOS、安卓、Web 三个系统版本。Wish 隶属于 ContextLogic 公司，该公司专注于"信息关联"领域，后推出了以图片社交为主的 Wish。

2013 年 3 月，Wish 加入了商品交易系统，仅仅几个月的时间里交易额就相当可观。2014 年 2 月，Wish 开始在中国招商。

7.3.1.1 平台的推送机制

Wish 平台利用独特的算法，有非常独特的推送机制。

在推送产品的时候，平台会弱化搜索的功能，而是以独特的算法分析用户的兴趣爱好、社会属性、自然属性等，给用户赋予标签，再结合用户的需求标签推送合适的产品（如图 7-13 所示）。这样，每个人在 Wish 页面上看到的产品都是不同的，呈现出"千人千面"的效果。

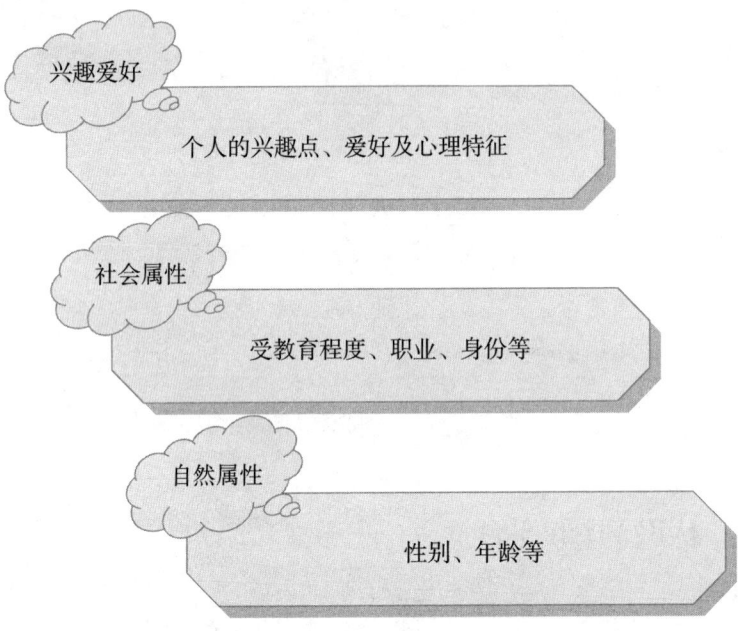

图 7-13　Wish 平台推送产品的参考点

7.3.1.2　平台收费标准

Wish 平台不收取其他基础费用，只是按每笔订单成交额收取 15% 的佣金，计算公式是：佣金＝（产品售价＋运费）×15%。

如果你使用 PayPal 收款，PayPal 会单独收取一定的手续费。

7.3.2　注册卖家账户，入驻 Wish 平台

要想成为 Wish 平台的卖家，就要考虑如何入驻 Wish 平台，只要符

合平台入驻标准，均可入驻 Wish 平台（如图 7-14 所示）。

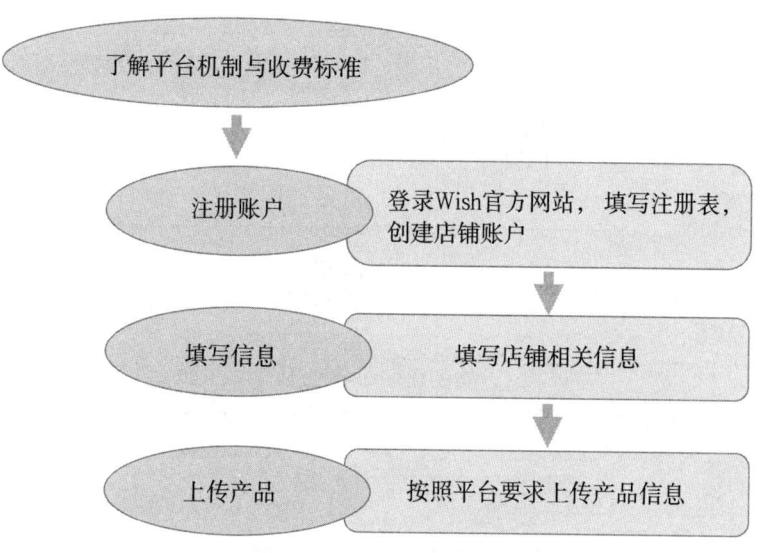

图 7-14　入驻 Wish 平台的步骤

在 Wish 平台上注册好卖家账号之后，你就可以上传产品开启自己的跨境电商之旅了（如图 7-15 所示）。

注册 Wish 卖家账户，应进入 Wish 平台网（china-merchant.wish.com），点击首页中的"立即开店"，进入"开始创建您的 Wish 店铺"页面。

在"开始创建您的 Wish 店铺"页面，按照系统提示一一填好各种信息。需要注意的是，在页面右上角选择常用语言（英语或中文），填写常用邮箱，填写正确的店铺名字（提交后不可修改）。信息填写完成后点击"下一步"，就算注册完成，接着就需要进行实名认证了。

在实名认证的环节，如果你要注册个人账户，点击"个人账户实名认证"，如果是企业账户，点击"企业账户实名认证"，按照系统提示一步步完成。如果是企业账户实名认证，需要提供企业法人的身份证和企业营业执照。

当个人信息填好并按照系统提示上传了材料之后,还需要填写付款信息。这一步要选择你方便的可以接受的付款方式,才能在店铺营业后顺利收到货款。

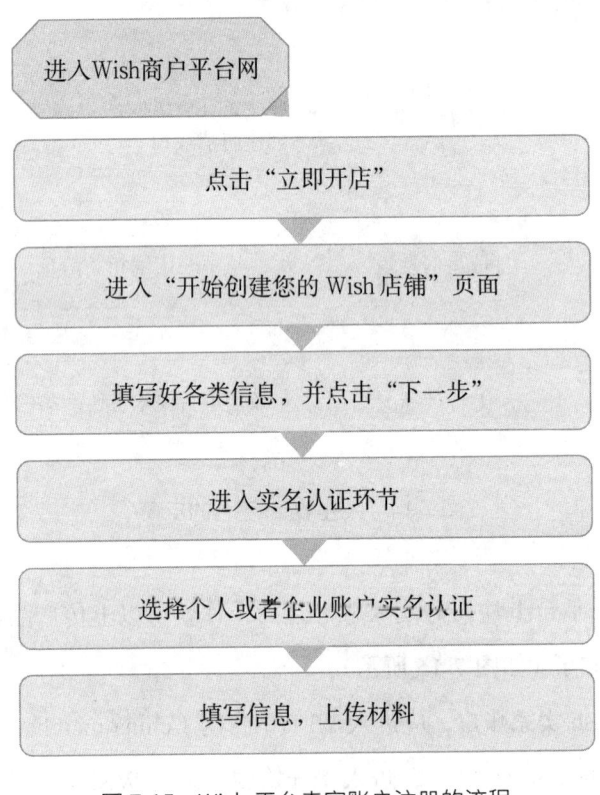

图 7-15　Wish 平台卖家账户注册的流程

7.3.3　下载 Wish APP,操作更方便

在手机上下载 Wish APP 对于卖家来说非常方便,一方面卖家可以随时获得店铺的最新数据,比如用户浏览量、销量等,另一方面卖家也能实

时查看店铺的更新通知以及 Wish 的变化和更新信息。

Wish APP 的下载方法非常简便，在手机应用商店中操作即可完成 Wish APP 的下载（如图 7-16 所示）。

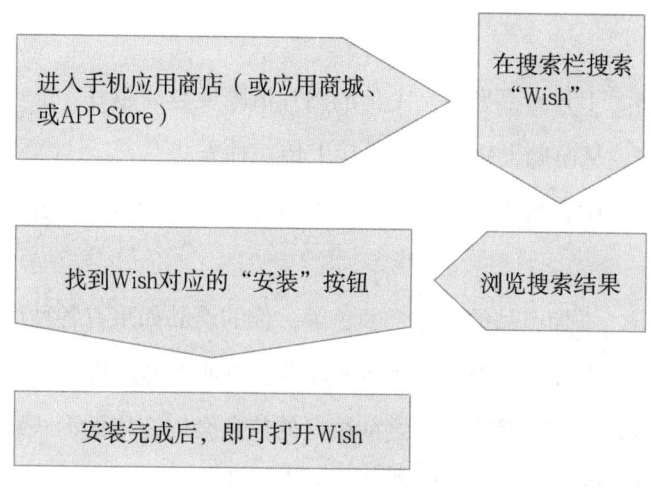

图 7-16　下载 Wish App 的流程

7.3.4　上传产品

当你的账户注册完成之后，在平台中编辑上传产品信息，这样你的店铺就可以开始营业了。Wish 平台中上传产品的方法也有很多种，这里主要介绍卖家后台手动上传和 CSV 文件上传。

7.3.4.1　手动上传产品

进入 Wish 平台，登录进入卖家后台，在页面上找到并点击"产品"，再点击"添加新产品""手动",进入手动上传信息的页面,开始上传产品信息。

第一步,填写产品基本信息。这一步要仔细填写所有的信息,不会填写可以点击填写栏上的问号,查看系统提示,填写正确后会显示绿色的对号。

第二步,上传产品照片。上传的图片清晰度越高越好。上传时,可以用拖拽图片、从电脑上传、图片链接上传三种方式。

第三步,编辑价格和库存数。可以填写产品的价格、数量、运费、配送时长等。

第四步,添加产品的尺寸、颜色等。你的产品如果有各种尺寸、颜色或者型号、大小等,就需要具体增加选项,以便顾客选择。

第五步,调整产品变量。之前填好的信息会以表格的形式跳出,比如你可以调整不同尺寸、型号的产品的价格、数量等。

第六步,为准备出售的产品增加更多的属性,比如品牌名称、商品链接等。

填写好所有需要填写的信息之后,点击上传产品(如图 7-17 所示)。

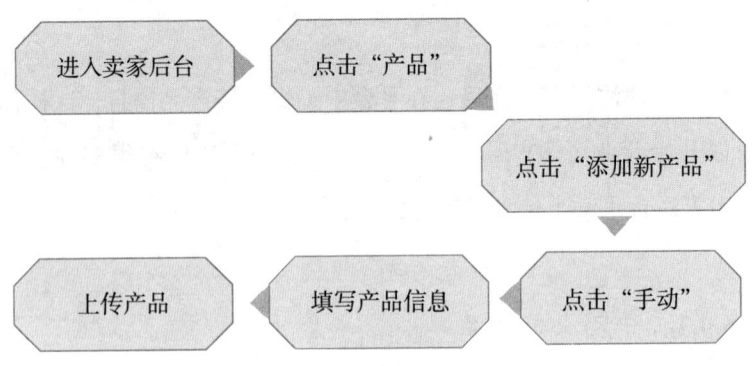

图 7-17　Wish 平台手动上传产品的流程

7.3.4.2　CSV 文件上传产品

Wish 的 CSV 文件上传产品和 Joom 的 CSV 文件上传产品很相似，也可以批量上传和处理产品信息。而 CSV 文件实际就是一个各单元都有对应属性的表格，通过 Microsoft Excel 或 Google Drive 表格都可以建立此文件。

在上传产品之前，先要创建好 CSV 文件，然后在后台登录卖家账户，点击"产品"—"添加产品"—"产品 CSV 文件"，选择你创建好的 CSV 文件并上传。

上传产品后进入"将列映射到 Wish 属性"页面，让"您的列名称"里的名称与"Wish 属性"列中的名称对应上，全部对应上之后点击"继续"。

系统会提示在 24 小时内完成上传，你也可以点击"查看导入状态页"，检查产品上传状态（如图 7-18 所示）。

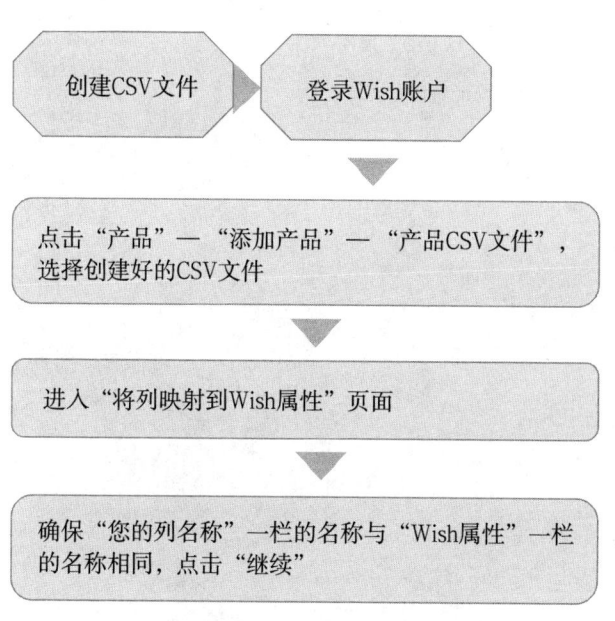

图 7-18　Wish 平台 CSV 文件上传产品的流程

7.4 eBay

7.4.1 认识 eBay 平台

eBay（易趣）是一个可以让全球人民进行网上购物和线上拍卖的跨境电商平台，1995 年成立于美国加利福尼亚州，成立之初主要做二手物品的拍卖，1997 年发展成为全球线上交易平台。

7.4.1.1 入驻平台，益处多多

如果你想要在 eBay 平台上做跨境电商，新注册企业账户，你将首先获得 3000 的（产品）刊登数量额。如果你已经注册了企业账户，那么申请成立子账户，每个子账户又会获得 20000 的（产品）刊登数量额。

如果你是新入驻的企业账户，eBay 平台还会指派特定的企业账户客户经理来帮助你。

指|点|迷|津

什么是刊登数量额

刊登数量额是指当你注册一个 eBay 账户之后,你能够刊登产品的数量,平台中的商户都有免费的额度,但用完之后就需要花钱购买额度。

如果是个人账户,那么刊登产品的数量就要比企业账户刊登产品的数量少很多。这时,除了购买额度,你也可以通过视频认证的方式提升你的刊登产品的数额。

视频认证通过之后一般能获得 76 或者 100 的刊登产品的数额。具体的视频认证需要登录卖家后台,在"我的 eBay"中操作。

7.4.1.2 平台收费,分门别类

与很多跨境电商平台一样,eBay 平台要向入驻的卖家收取一些基本费用,包括店铺费、刊登费、成交费,缴费形式分为按月缴费和按年缴费。

1. 店铺费

eBay 的店铺分为三种类型,分别为普通店铺、高级店铺和超级店铺,不同店铺的收费标准如图 7-19 所示。

- 普通店铺：按月缴费：每月24.95美元；按年缴费：平均每月19.95美元
- 高级店铺：按月缴费：每月74.95美元；按年缴费：平均每月59.95美元
- 超级店铺：按月缴费：每月349.95美元；按年缴费：平均每月299.95美元

图 7-19　eBay 平台店铺收费标准

2. 刊登费

刊登费是卖家刊登产品（发布产品）信息的数量超出免费额度规定数量后需要支付的费用，不同级别的店铺，刊登费收取标准不同，按照不同的刊登方式（拍卖和一口价），收费标准也不相同。

普通店铺用拍卖的方式刊登产品时，超出免费额度（条）后，每条收取 0.25 美元；用一口价的方式刊登产品，超出免费额度（条）后，每条收取 0.2 美元。

高级店铺用拍卖的方式刊登产品时，超出免费额度（条）后，每条收取 0.15 美元；用一口价的方式刊登产品，超出免费额度（条）后，每条收取 0.1 美元。

超级店铺用拍卖的方式刊登产品时，超出免费额度（条）后，每条收取 0.1 美元；用一口价的方式刊登产品，超出免费额度（条）后，每条收取 0.05 美元。

3. 成交费

eBay 平台的成交费（佣金）是按照不同品类来计算的，不同的类目收取成交费的比率不同，计算公式为销售总额 × 收费比率。

当然，无论产品的销售额是多少，平台收取佣金的上限都是 250 美元。

7.4.2　注册卖家账户，入驻 eBay 平台

eBay 一直致力于向卖家提供现代化的在线零售服务，特别适合中小企业和个人用户入驻（如图 7-20 所示）。

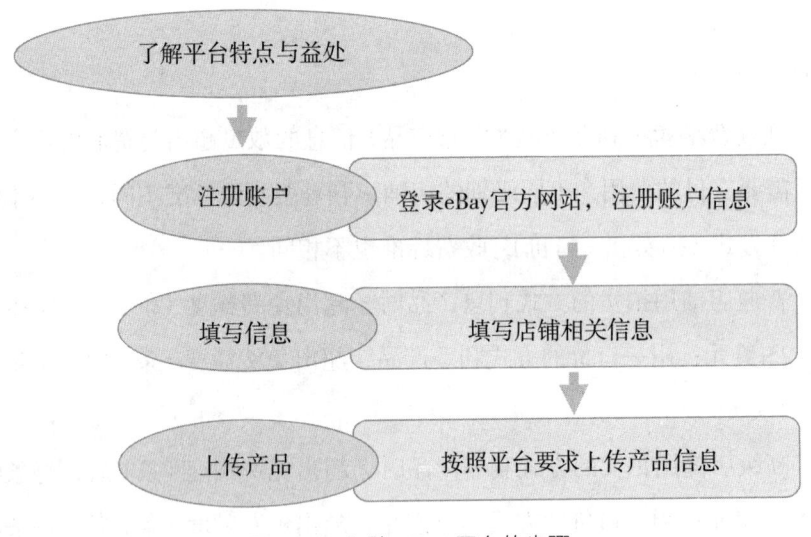

图 7-20　入驻 eBay 平台的步骤

eBay 注册卖家账户的流程简单易操作（如图 7-21 所示），首先搜索并进入 eBay（eBay.cn，中文简体官网）首页。

在首页左上角找到"注册"，点击"注册"，填写你的姓名、邮箱和密

码,注意在"建立账户"下选择你要建立的账户类型(个人账户或者商业账户),提交完成注册。

接下来,在首页右上角找到"我的 eBay",完善你详细的地址信息和其他信息。

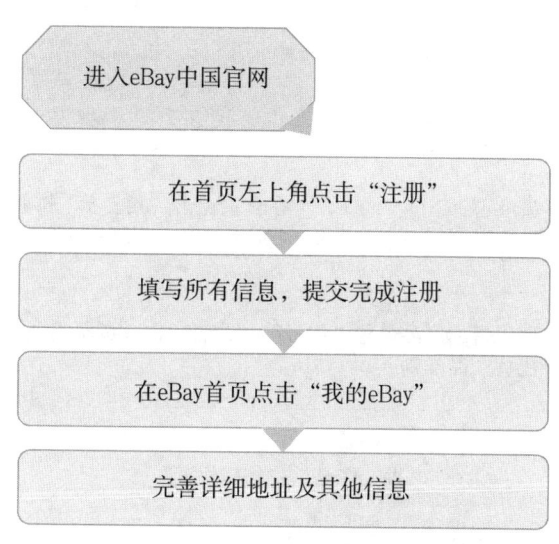

图 7-21　eBay 平台卖家账户注册的流程

7.4.3　上传产品

在 eBay 上传产品,也称在 eBay 刊登产品,卖家在 eBay 后台上传产品的流程具体如图 7-22 所示。

首先,在 eBay 首页登录账户,在页面右上角点击"出售",你可以在搜索框中输入 UPC、ISBN、产品管理编号或商品名称,也可以点击搜索框下的浏览类别,选择你要出售的产品类别,接着就跳入产品信息编辑页面。

其次,在产品信息编辑页面,仔细填写产品标题、上传产品图片、填写产品的细节（如尺寸、颜色、风格等）。

然后，仔细填写产品的出售信息，比如出售方式（拍卖或者一口价）、刊登天数、价格、产品数目等。

最后，填写产品运输的信息，比如地址、运费等。

填写完成之后，刊登物品（上传产品），当消费者浏览店铺时就能看到你发布的物品（产品）信息了。

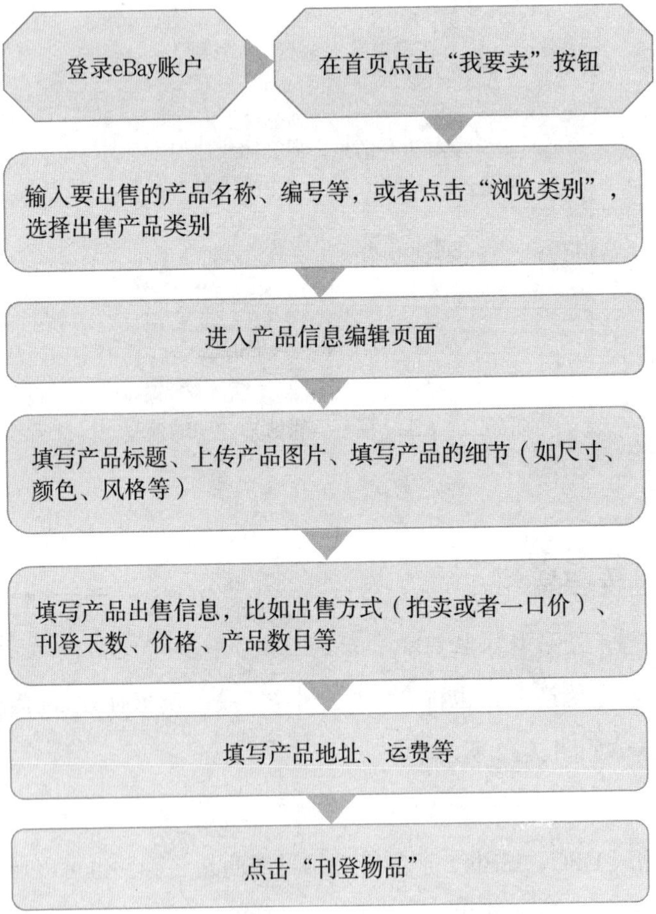

```
登录eBay账户  →  在首页点击"我要卖"按钮
                    ↓
输入要出售的产品名称、编号等，或者点击"浏览类别"，
选择出售产品类别
                    ↓
进入产品信息编辑页面
                    ↓
填写产品标题、上传产品图片、填写产品的细节（如尺寸、
颜色、风格等）
                    ↓
填写产品出售信息，比如出售方式（拍卖或者一口价）、
刊登天数、价格、产品数目等
                    ↓
填写产品地址、运费等
                    ↓
点击"刊登物品"
```

图 7-22　eBay 平台上传产品的流程

运营案例

要想商品卖得好，售卖形式要选对

拍卖价和一口价是 eBay 平台的特殊商品售卖定价。eBay 平台刚开始主要做二手物品拍卖，这一交易方式如今成为该平台标准的出售形式。

拍卖指卖家刊登（上传）产品，设定刊登天数、起标价，拍卖期间买家出价竞投，时间结束后将产品卖给最高出价者的销售方式。

一口价是指卖家刊登（上传）产品，设定一口价形式、刊登天数和价格的出售方式。在售卖期间买家不用参与竞投，只能以设定的价格购买产品。

在刊登产品时，卖家在拍卖形式中加入立即买价格，就是拍卖与一口价两者并存的售卖形式，买家在购买的时候既可以对产品出价竞买，也可以选择立即购买产品。

王先生是一个古董商，之前也在其他跨境电商平台开店售卖各种古董文玩，但效果都不是很好，后来他了解了 eBay 平台这种独特的售卖方式，于是果断入驻 eBay，使用拍卖、一口价及拍卖＋立即购买的方式，在短短几个月的经营时间里，销量就已非常可观。

第8章

聚焦东南亚,开拓跨境电商新蓝海

现如今，很多个人和企业都在寻找跨境电商市场的"新风口"——"新蓝海"，东南亚地区的跨境电商正在快速崛起，发展前景广阔，成为跨境电商"新蓝海"。

东南亚与中国比邻，双方在经济文化方面的交流与合作向来都十分频繁，更重要的是，东南亚的大多数国家都还处于数字化转型的初期阶段，市场前景十分广阔。

Lazada和Shopee在东南亚市场持续深耕，发展迅速，成为东南亚地区最受欢迎的两大跨境电商平台。

8.1 Lazada

8.1.1 具有完整供应链的 Lazada

Lazada，中文译为"来赞达"，是由阿里巴巴重点投资的东南亚跨境电商平台，在长期的发展过程中，Lazada 建立了完整的供应链，已成为东南亚地区最大的电商平台之一。

从 2012 年发展到今天，Lazada 依托互联网大数据实现了跨境业务的不断迅猛增长，建立了泰国、越南、新加坡、菲律宾、马来西亚和印度尼西亚六个站点（国家），成为东南亚地区最大的电商平台之一（如图 8-1 所示）。

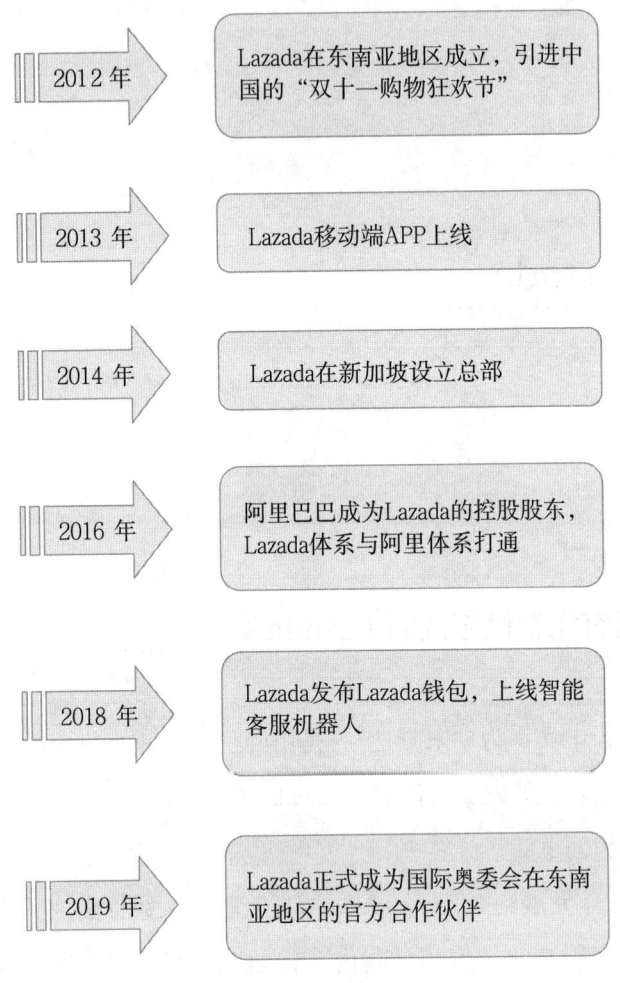

图 8-1　Lazada 的简要发展历程

8.1.1.1　热卖类目

据大数据统计，Lazada 电商平台在东南亚的热卖类目主要有六种（如图 8-2 所示）。

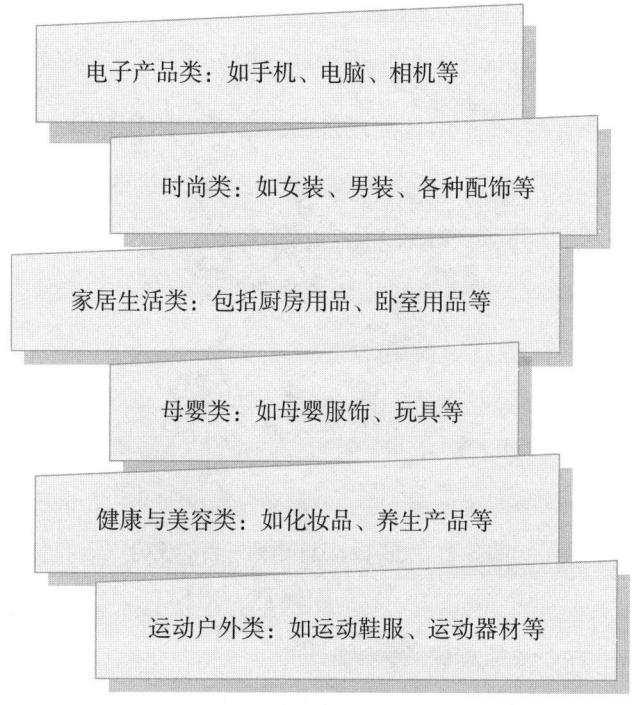

图 8-2 Lazada 电商平台的热卖类目

8.1.1.2 入驻优势

入驻 Lazada 电商平台的商家,能深刻体会到这个平台相较于其他电商平台的一些显著优势。重点阐述如下。

首先,Lazada 平台重视对商家进行培训。

通过罚款来处理入驻商家的违规操作,是很多电商平台都会采取的惩罚手段,而 Lazada 平台主要是通过让商家接受培训等措施来纠正商家的违规行为,不会随意对入驻商家进行罚款惩罚(如图 8-3 所示)。

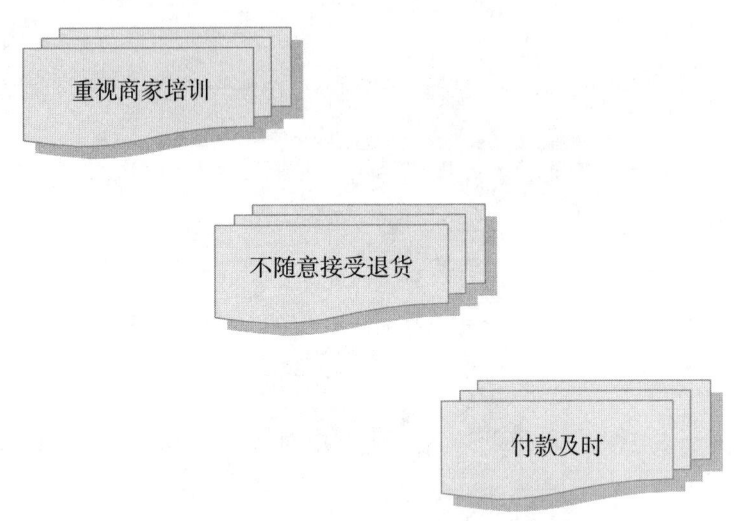

图 8-3　入驻 Lazada 电商平台的优势

其次，平台不会随意接受买家退货。

在 Lazada 平台中，入驻商家的商品订单都需要经过严格的检测才能发货，除非是出现商品损坏、寄错或者买家认为商品与网上描述不符、不合适等客观情况，否则平台不会随意接受买家退货，以便更好地维护入驻商家的利益。

最后，平台对入驻商家准时付款。

买家在 Lazada 平台完成交易后，平台会追踪订单状态，并在订单显示"已签收"后的下个周五准时将钱直接打给商家。

8.1.1.3　平台收费

Lazada 平台对注册店铺的收费主要包括支付手续费、运费、订单佣金以及增值税这四项（如图 8-4 所示）。

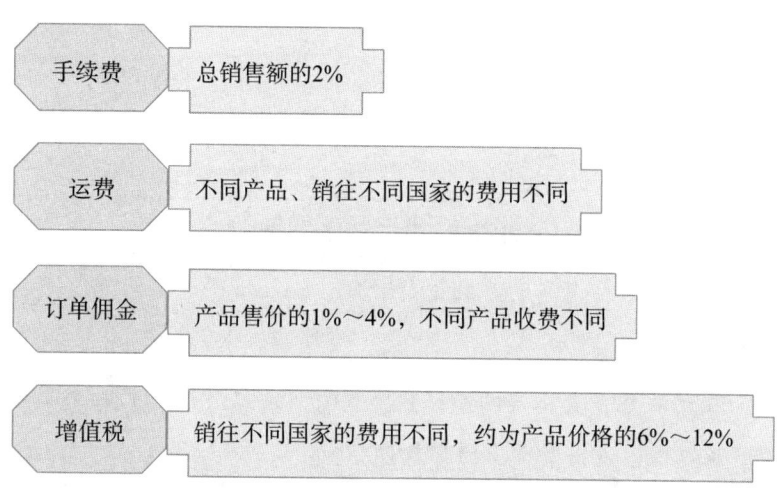

图 8-4　Lazada 平台收费标准

8.1.1.4　入驻规则

要想在 Lazada 平台顺利经营跨境电商业务，需要遵守平台的相关规则（如图 8-5 所示）。

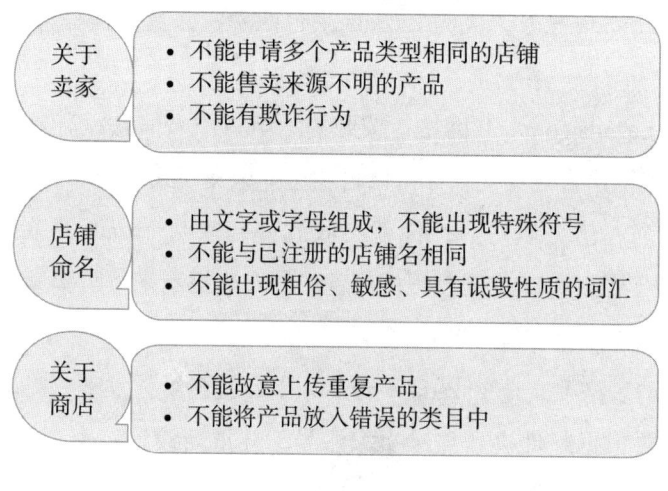

图 8-5　Lazada 平台的相关规则

指|点|迷|津

Lazada平台产品下架规则

为了更好地对商家的产品进行管理，Lazada平台会对两类产品进行下架处理。

一类是故意重复上传的产品。当发现重复上传的产品时，平台会下架销量更低、点击量更少的那款产品。

另一类是竞争力有待提升的产品。所谓竞争力有待提升的产品，指的是在近三个月内综合浏览量非常低的那些产品。

8.1.2 注册卖家账户，入驻Lazada平台

入驻Lazada平台，需要经历注册账号—填写信息—上传商品—绑定收款账号—等待审核的过程（如图8-6所示）。

申请Lazada账号，成为Lazada平台的卖家，具体操作流程如图8-7所示。

登入Lazada.com/sell网站，按照提示填写个人信息。需要注意的是，该网站的默认语言是英文，你可以自主选择中文模式。

完成个人信息填写后，你就会收到一封来自Lazada平台的主题为"欢迎注册"的邮件，你需要根据邮件中的内容提示来填写卖家申请表格，同时上传你公司的营业执照。

将申请表格提交至Lazada平台后，平台就会给你发来一封确认邮件，此时你需要根据邮件提示登录卖家账号，并重新设置一个登录账号的密码，激活账号，完成注册。

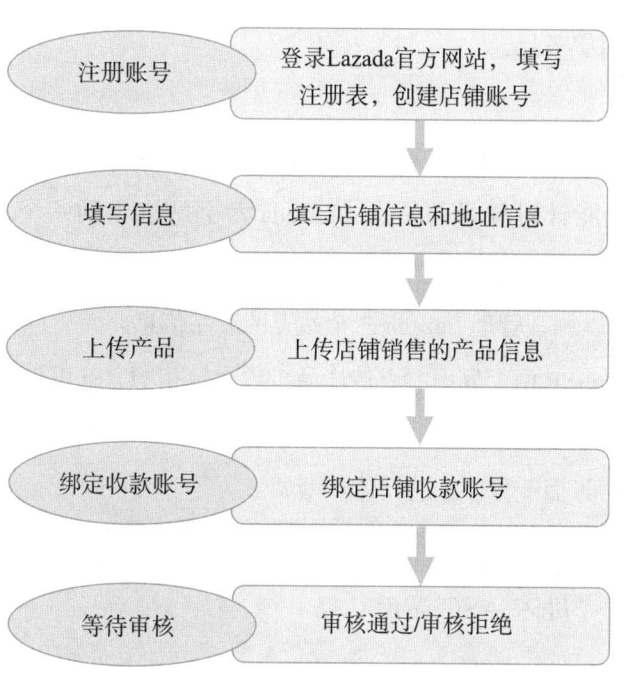

图 8-6　Lazada 平台入驻的步骤

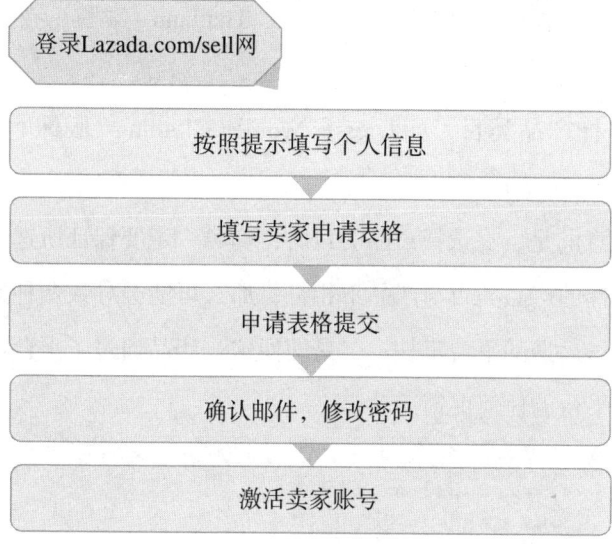

图 8-7　Lazada 平台卖家账户注册的流程

8.1.3 上传产品

Lazada 平台的产品上传可以通过 ASC 或者 GSP 两个产品界面来进行。

ASC 只能针对登录的站点（Lazada 六个站点中的一个）进行产品管理。

GSP 可以统一管理 Lazada 六个站点的产品信息。

ASC 和 GSP 两个界面的上传产品步骤大致相同，这里仅以 ASC 界面为例。

在 ASC 界面上传产品的具体步骤如下。

8.1.3.1 进入 ASC 界面

进入 Lazada 后台后，点击 Products—Add Products，进入 ASC 产品界面。

接下来，选择产品要上传的站点，如 Thailand（泰国），然后点击 Add New（添加新的产品）。

最后选择产品类目，如 Dresses/Women Clothing（服饰/女士服饰），点击 Confirm（确认）。

需要注意的是，在选择产品类目时，商家一定要保证所选类目的准确性，如果选择的产品类目与产品不相符，那么可能会导致两种情况：一是产品无法通过后期的平台审核；二是即便这一产品通过了平台审核，但是也不能参加平台的任何促销活动。

指|点|迷|津

如何选择产品类目

前面已经提到了，lazaza 平台的规则之一就是不能将产品放入错误的类目中。那么，在遇到自己不知道属于哪一类目的产品时，该怎么办呢？

方法一：

在 Product Name（产品标题）输入框中输入产品名称或者关键词，输入完成后下面就会出现可供选择的类目推荐（Category Suggestions）。

方法二：

在 Lazada 销售平台中搜索与自己的产品相似或相同的产品，查看该产品属于哪一类目。

8.1.3.2 编辑产品信息

在进入 ASC 界面并选好产品类目之后，接下来要做的就是编辑产品的信息，包括产品的标题和品牌等。

产品标题既要包括产品名称，也要加上一些修饰词，例如产品的风格、款式、适用人群、适用场合等。

举例来说，假如你要销售的产品是西装，那么产品的标题可以设置成"New men's business suit（新款男士商务西装）"。

除了标题，产品的品牌信息填写也是非常重要的，因为这是产品价值的体现，是最能吸引顾客购买的一大考虑因素。产品品牌可以在"Product Attributes"下的"Brand"输入框中直接选择。

8.1.3.3 描述细节

细节描述也就是对产品的颜色、尺寸等信息进行描述，分为短描述和长描述两种。

短描述需要分点进行描述，即一行文字阐述一个信息点，一般写3~8行。

长描述则有 Text Editor 和 Lorikeet 两种模式可选，其中 Text Editor 模式就是直接编写长段的文字信息，而 Lorikeet 模式中则有多种版式可供挑选，美观性更高。

8.1.3.4 上传图片

在编辑完产品细节信息之后，就可以直接在后面上传产品图片了。上传图片时，注意以下几个方面（如图8-8所示）。

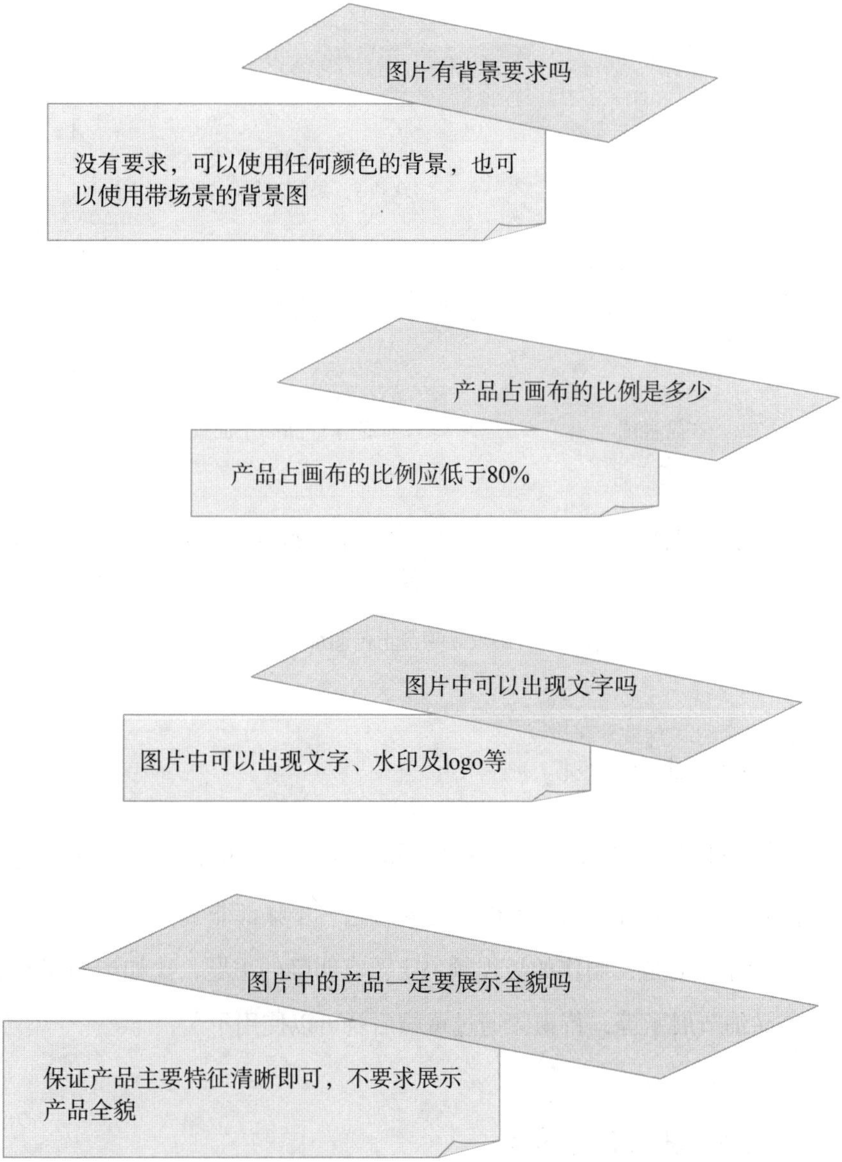

图片有背景要求吗

没有要求，可以使用任何颜色的背景，也可以使用带场景的背景图

产品占画布的比例是多少

产品占画布的比例应低于80%

图片中可以出现文字吗

图片中可以出现文字、水印及logo等

图片中的产品一定要展示全貌吗

保证产品主要特征清晰即可，不要求展示产品全貌

图 8-8 Lazada 平台上传图片时的常见疑惑解答

具体来说，在 Lazada 平台上传产品照片时要注意以下几点（如图 8-9 所示）。

233

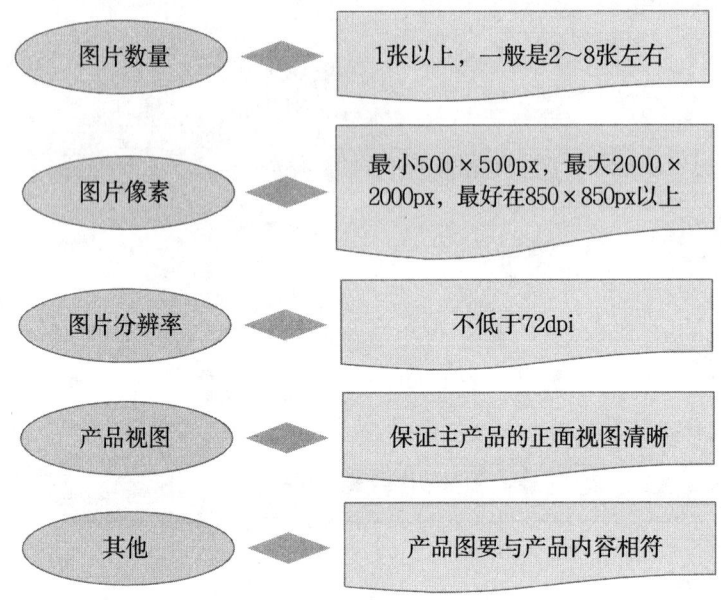

图 8-9　Lazada 平台上传图片要注意

8.1.3.5　上传视频

上传视频是 Lazada 平台上传产品的选填内容，但是由于目前短视频在国内外的广泛流行，因此大部分商家对这一步骤都非常重视。

需要注意的是，制作的短视频一定要有明确的主题，比如产品使用步骤、产品细节展示等，待视频通过审核后就可以使用了。

8.1.3.6　其他信息填写

上传完图片和视频之后，还要填写一些其他的信息，包括产品的价格、库存、运输信息等。

产品的价格和库存一般都要根据产品的款式和尺寸来进行划分，而运输信息则需要严格按照产品包装上的信息来进行填写。

8.1.4 订单管理

在 Lazada 平台进行交易后，登录 Lazada 卖家后台，就可以查看订单信息，点击"Orders（订单）—Manage Orders（订单管理）"，进入订单管理界面。

8.1.4.1 处理订单

当平台显示买家成功下单并在 Lazada 平台付款之后，订单管理界面就会产生订单，此时需要卖家点击"Pending（待处理）"按钮，开始处理订单。

8.1.4.2 更新订单

当订单得到处理后，应该在 48 小时内将订单状态由"Pending（待处理）"更新为"Ready to ship（开始发货）"，如果因为自己的原因不能及时发货，则要将订单状态改为"Canceled（取消）"。

8.1.5 跨境物流

在 Lazada 平台做跨境电商，出单后需要先将货物运送到 Lazada 在中国的分拣中心，然后再运送到目的地国家的国际货运中心。

Lazada 在中国的分拣中心有两个——义乌分拣中心（代码：LGS-FM41）和深圳分拣中心（代码：LGS-FM40）。

当店铺出现新的订单时，卖家应该在 48 小时内发货，并确保 7 天内将包裹送到分拣中心，之后的物流配送就由 Lazada 跨境物流负责。

如果店铺出现买家要求退货的情况，那么包裹就会被退到 Lazada 当地的仓库接受质检。

8.1.6 卖家评级

卖家评级，即 Lazada 平台每周对卖家经营能力的等级评估，以 1～5 颗星来表示，如果评估等级太低，那么 Lazada 平台就会对卖家的单日订单数额做出限制。

卖家评级的评估标准有三个，即准时发货率、取消订单率和退货率（如图 8-10 所示）。

卖家等级与准时发货率成正比，与取消订单率和退货率成反比，其中取消订单率对卖家等级的影响是最大的。

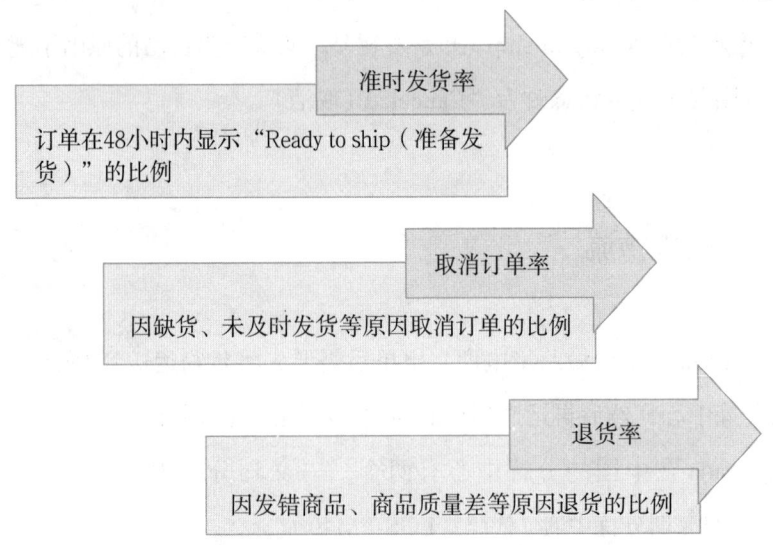

图 8-10　Lazada 平台卖家的准时发货率、取消订单率与退货率

如果卖家在一周内的取消订单率超过 50%，那么店铺就会被迫下线，要想重新上线，就需要卖家参加相关的培训，并向平台提交有关改善订单交易状况的计划。

因此，针对买家取消订单的两个主要原因——缺货和及时更新发货，卖家要想降低取消订单率，一方面要及时更新商品的库存数量；另一方面要提高物流效率，及时发货。

8.1.7　加入 LazMall

LazMall 是 Lazada 的品牌商城，商品更有品质，店铺综合评价也高，这里的商家能够给予消费者更多的选购底气，为鼓励商家入驻，LazMall 会给予卖家许多福利，具体如图 8-11 所示。

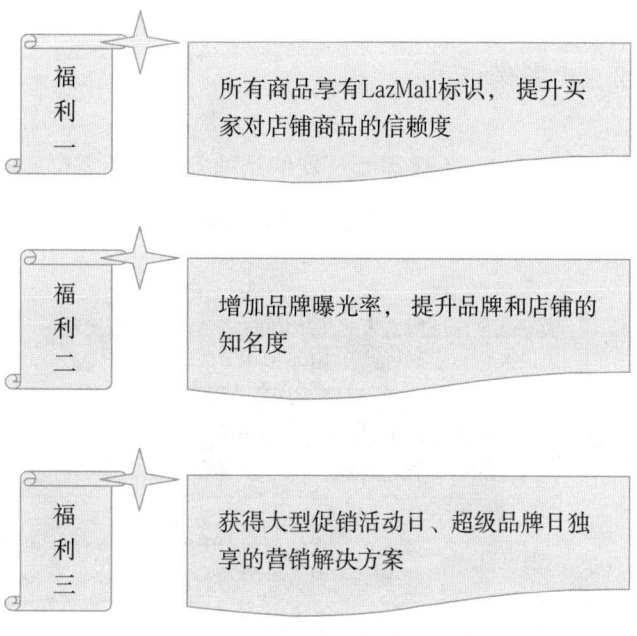

图 8-11　加入 LazMall 的福利

8.1.7.1 品牌条件

LazMall 是针对消费者对于品牌的需求而开设的，而卖家如果想要加入 LazMall，其经营的品牌必须满足以下三个条件（如图 8-12 所示）。

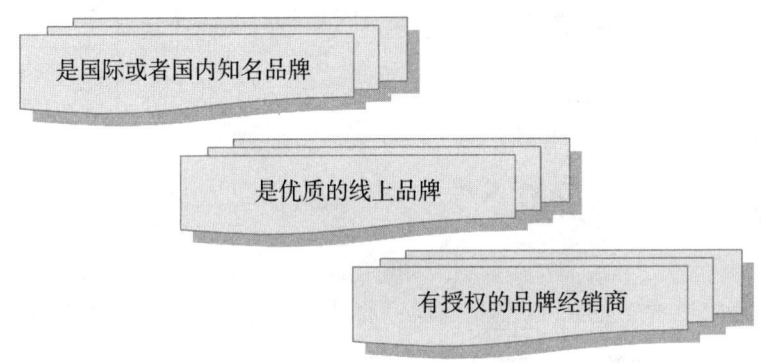

图 8-12　加入 LazMall 的基本条件

8.1.7.2 卖家保证

要想加入 LazMall，不仅需要过硬的品牌条件，还需要卖家对消费者做出优质的服务保证，主要包括以下内容（如图 8-13 所示）。

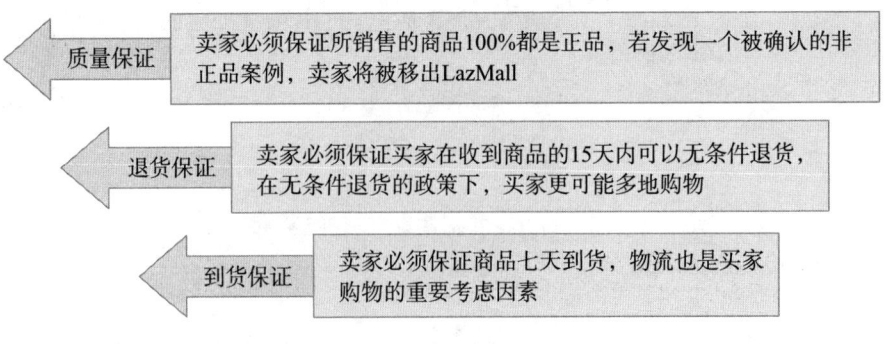

图 8-13　加入 LazMall 需要的卖家保证

8.2 Shopee

2015年，Shopee（虾皮）平台在新加坡成立。在母公司Sea强大的资金与技术的支撑下，Shopee很快在东南亚各国及地区得到了迅猛发展。

为了迎合东南亚地区人民的网购喜好（如图8-14所示），Shopee平台的主销产品与Lazada平台类似，主要包括电子、家居、美容、服饰、母婴等方面的产品，成为东南亚地区访问量最大的电商平台之一。

8.2.1 重视运营推广的Shopee

在电商领域深耕多年，Shopee平台已经对东南亚地区的电商市场有了很深刻的了解。

针对东南亚市场的一些特点，Shopee平台推出了相应的运营策略（如图8-15所示）。

跨境电商运营实战攻略

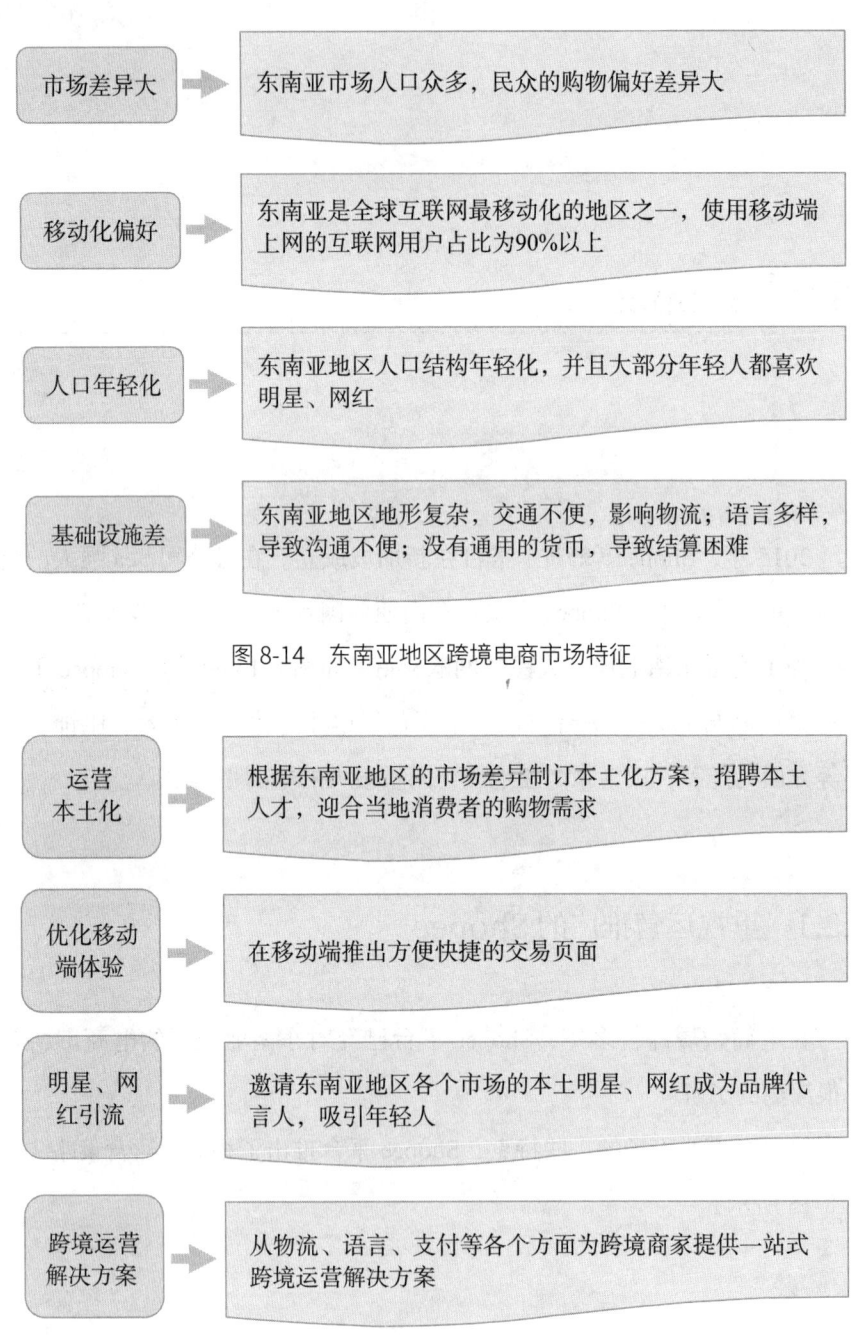

图 8-14　东南亚地区跨境电商市场特征

图 8-15　Shopee 平台个性化运营策略

运营案例

Shopee 平台的本土化运营策略

针对东南亚地区的市场差异，Shopee 平台在区域营销活动中通常都会采用本土化的运营策略。

例如，在近几年的"双十二"促销活动中，Shopee 在不同的站点都聘请了不同的活动大使。例如，越南的"双十二"促销活动代言人是在当地人气比较旺盛的一位足球运动选手；而泰国地区的年轻人喜欢追赶韩国潮流，因此 Shopee 就选择了在韩国发展的泰国籍歌手作为"双十二"的促销活动大使。

8.2.2 注册卖家账户，入驻 Shopee 平台

入驻 Shopee 平台，需要经历选择注册渠道—接受入驻审核—孵化期考核等基本过程（如图 8-16 所示）。

8.2.2.1 注册账户

Shopee 平台的注册渠道有两个，一是官方渠道，二是招商经理渠道，大部分商家都是通过招商经理渠道进行平台注册的。

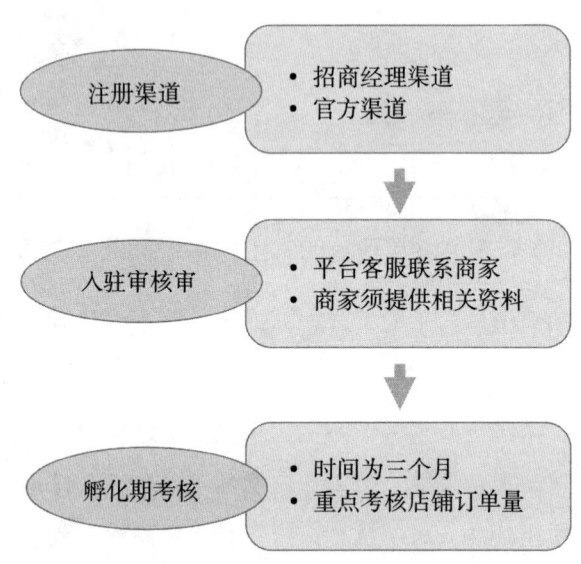

图 8-16　Shopee 平台入驻流程

1. 微信公众号卖家极速入驻

在微信搜索栏中输入并搜索"Shopee 跨境电商",在搜索结果中点击"Shopee 跨境电商"公众号,进入公众号之后可以看到界面中间位置有"消息""视频""服务"三个选项,点击"服务",点击新跳转出的界面下方的"点开入驻",界面再次跳转,展现出"卖家极速入驻表单",填写表单中的相关信息并提交。

2. 官方网站注册

通过官方渠道入驻 Shopee,即在 Shopee 官网上进行注册。登入官网后,点击"立即入驻",并提交入驻申请,然后就是等待申请受理的时间了。官网注册等待的时间一般都会比较长,而且也没有招商经理跟进,所以相对于招商经理渠道来说是比较麻烦的。

8.2.2.2 入驻审核

递交完入驻申请之后，Shopee 平台客服会在一定的时间内通过邮件或者电话联系想要入驻的商家。

由于 Shopee 平台在深圳和上海这两个地区都设有跨境业务办公室，因此如果是通过电话联系，那么电话一般都是来自这两个地区。

如果是通过邮件联系，那么客服一般都会留下企业 QQ 或者微信与商家进行进一步联系。

在与想要入驻的商家联系时，客服一般都会问以下几类问题（如图 8-17 所示）。

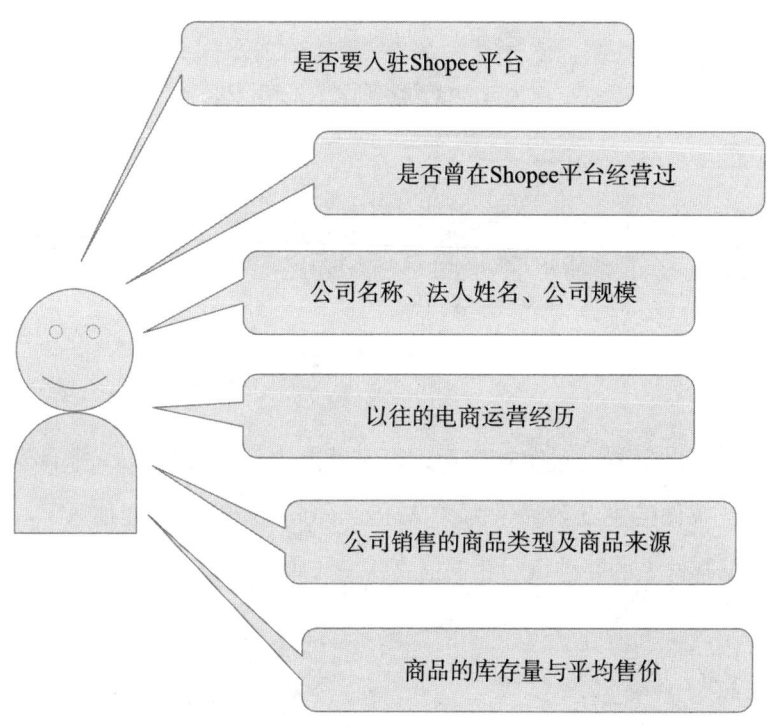

图 8-17　Shopee 平台客服常见入驻问题提问

在与客服联系之后，就需要你提供相关的商家资料，资料主要包含以下内容（如图 8-18 所示）。

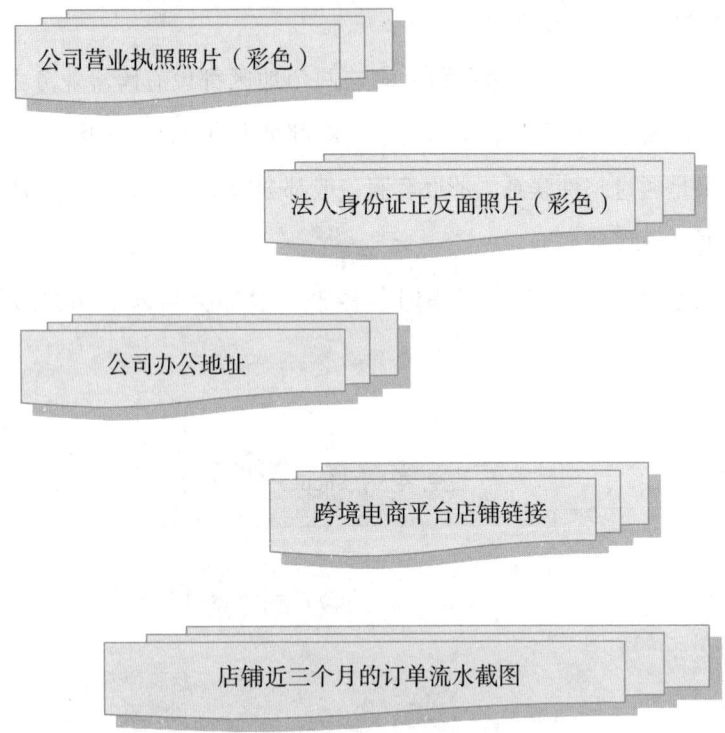

图 8-18　入驻 Shopee 需要提供的审核资料

在提供的资料通过审核之后，商家就能收到来自 Shopee 平台发送的邮件了，邮件的主题名通常为"Welcome on board！（欢迎加入）"。商家需要根据邮件上的要求填写相关信息，完成店铺注册。

8.2.2.3　孵化期考核

孵化期考核，也就是 Shopee 平台对于新手卖家的扶持考核，时间为三个月，考核重点为店铺的订单量（如图 8-19 所示）。

考核的结果不仅会决定卖家能否获得由 Shopee 平台提供的一对一专门指导，而且会决定后续客户经理对接的类别。例如，优秀卖家可以对接高阶客户经理，月出单量在一笔以上的卖家对接中小卖家客服团队，而没有出单量的卖家则对接普通的客服团队等。

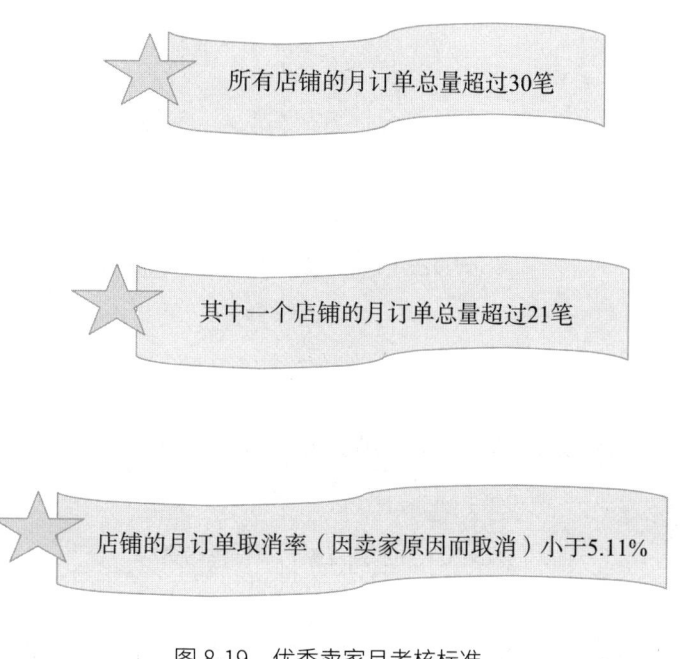

图 8-19　优秀卖家月考核标准

8.2.3　注册支付平台

Shopee 的跨境支付平台有三个：连连支付、Payoneer、PingPong。这三个支付平台的注册流程基本相同，这里以连连支付平台为例，

Shopee 电商平台的商家在注册连连支付时，记得提前准备好必要的资料（如图 8-20 所示）。

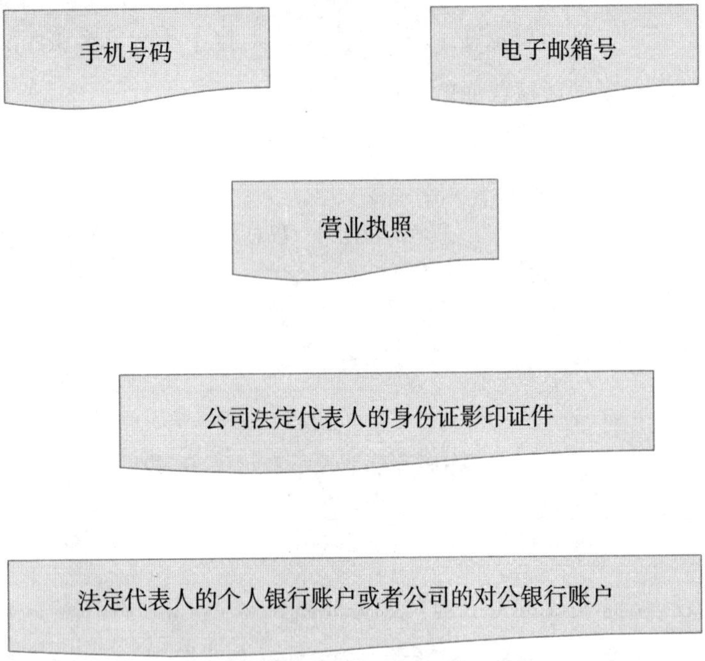

手机号码

电子邮箱号

营业执照

公司法定代表人的身份证影印证件

法定代表人的个人银行账户或者公司的对公银行账户

图 8-20　注册连连支付需提供的资料

准备好资料后，进入 Shopee 平台的"财务"页面，开始进行注册（如图 8-21 所示）。

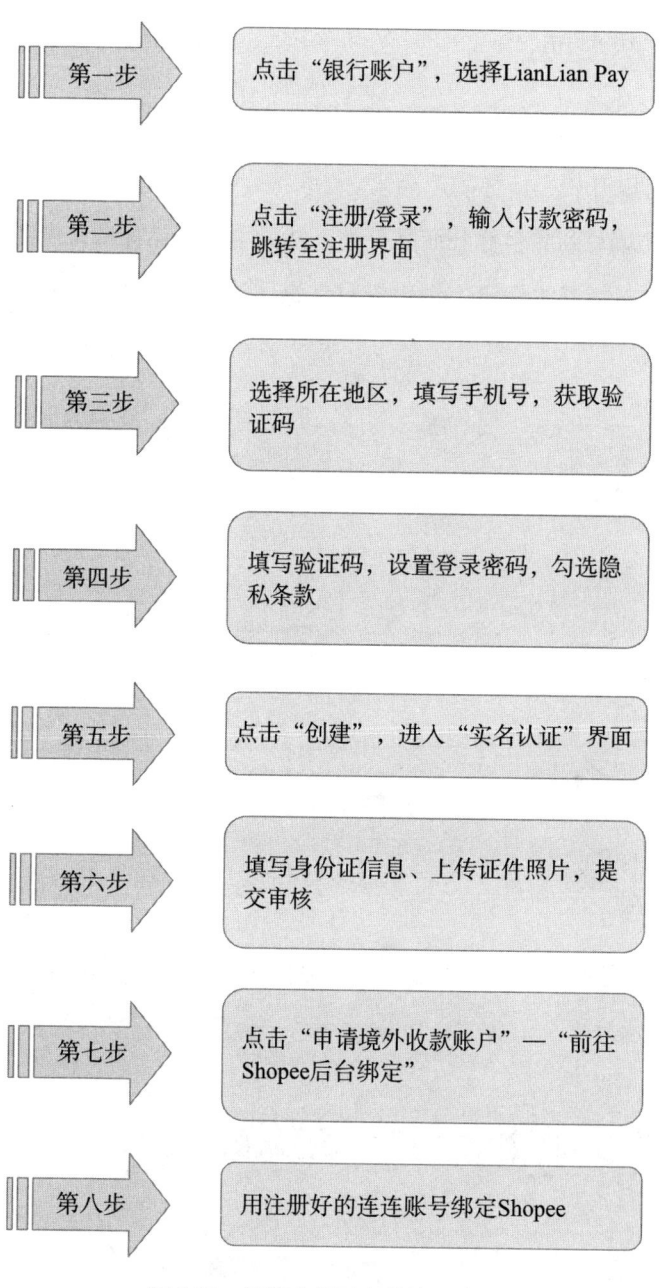

图 8-21 连连支付平台的注册步骤

8.2.4 上传产品

进入 Shopee 平台的卖家中心，点击"添加商品"，进入"新增商品"界面，就可以开始上传你的产品了。

首先要填写商品名称和商品分类，然后填写商品详情，商品详情的项目有很多，包括基本资讯、销售资料、媒体管理、运费、其他等项目（如图 8-22 所示）。

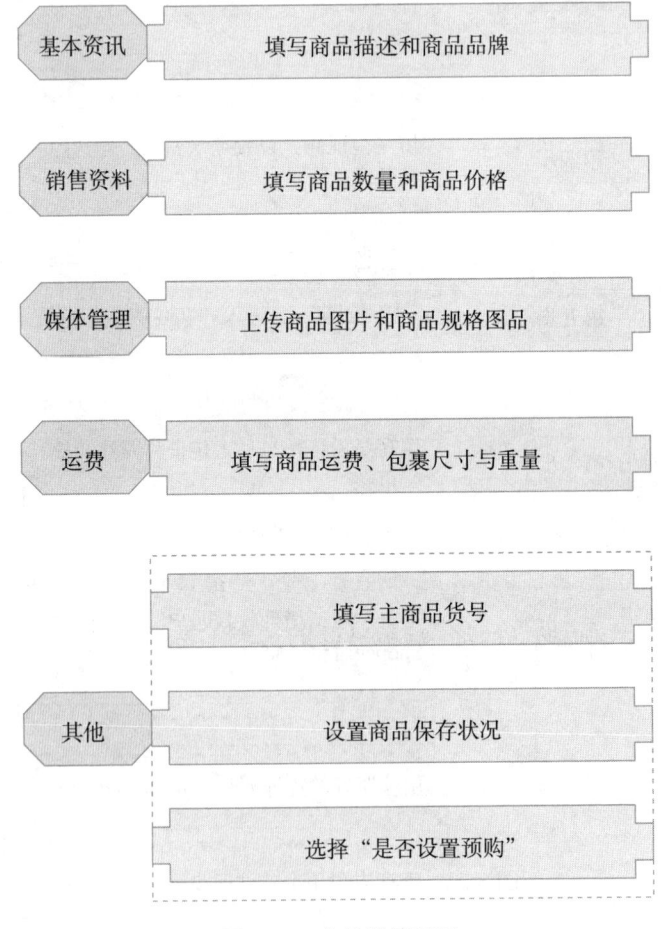

图 8-22　商品详情项目

在商品详情界面的"其他"项目中，主商品货号的填写是为了方便库存管理，商家可以选择不填；商品保存状况可以选择二手或者全新；预购商品与非预购商品的区别在于出货时间，预购商品为5～10天，非预购商品为2天。

8.2.5 加入ShopeeMall

ShopeeMall是Shopee的品牌商城，这是一个专为Shopee平台上的各大品牌商家开辟的商城，加入ShopeeMall不仅可以增加店铺的曝光率，而且可以提升品牌的知名度，帮助树立品牌形象，增加买家对店铺和品牌的信任度。

要想加入ShopeeMall，卖家必须达到Shopee平台规定的店铺表现要求或者品牌形象要求。

8.2.5.1 店铺表现要求

ShopeeMall对卖家的要求分为两类，一类是针对在Lazada平台加入了LazMall的卖家（如图8-23所示），另一类是针对未加入LazMall的卖家（如图8-24所示）。已加入LazMall的卖家，要想加入ShopeeMall，其店铺近1个月的表现必须满足各个站点提出的相关要求（内容参考：徐鹏飞、王金歌，《Shopee跨境电商运营实战》，2020年）。

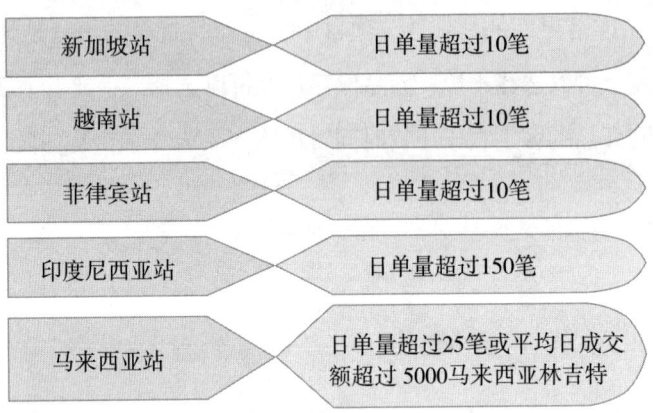

图 8-23　ShopeeMall 对已加入 LazMall 的卖家店铺表现要求

未加入 LazMall 的卖家，要想加入 ShopeeMall，其店铺近 1 个月的表现必须满足各个站点提出的以下要求。

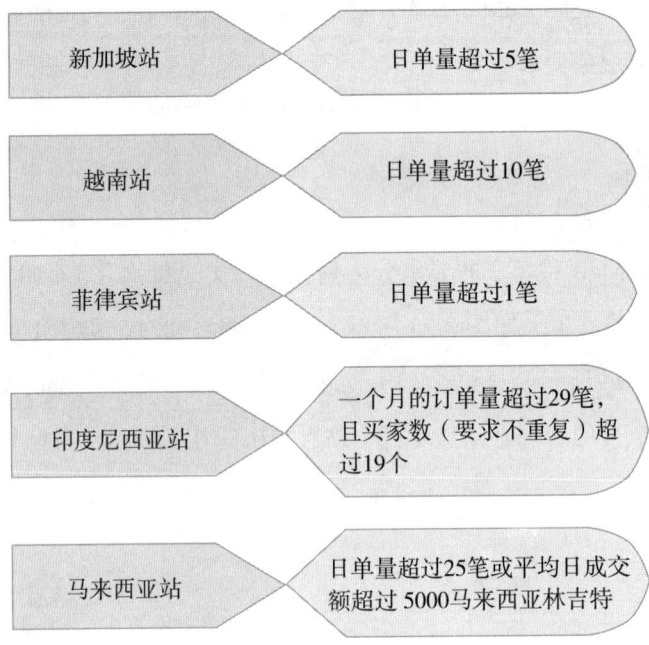

图 8-24　ShopeeMall 对未加入 LazMall 的卖家店铺表现要求

8.2.5.2　品牌形象要求

ShopeeMall 对卖家的品牌形象具有以下要求。

第一，卖家拥有天猫旗舰店，且达到各个站点规定的评分要求。

第二，卖家是速卖通金牌卖家（有的站点还对好评率和粉丝量做了要求）。

第三，卖家在中国拥有 100 家以上的线下实体店。

参考文献

[1] 刘铁. 跨境电商基础与实务 [M]. 武汉：华中科技大学出版社，2019.

[2] 张式锋，陈钰. 跨境电商基础 [M]. 上海：立信会计出版社，2017.

[3] 曹磊，张周平. 跨境电商全产业链时代：政策红利下迎机遇期 [M]. 北京：中国海关出版社，2019.

[4] 刘东明. 跨境电商实操攻略：运营策略＋技巧工具＋实战案例 [M]. 北京：人民邮电出版社，2018.

[5] 卢东亮. B2C跨境电商平台运营模式研究 [D]. 北京：北京邮电大学，2017.

[6] 丁晖. 跨境电商多平台运营实战基础（第2版）[M]. 北京：电子工业出版社，2017.

[7] 于雷. 跨境电商亚马逊实战经营宝典 [M]. 北京：电子工业出版社，2018.

[8] 李鹏博. 解密跨境电商 [M]. 北京：电子工业出版社，2015.

[9] 宋秋成. 跨境电商3.0时代——把握外贸转型时代风口 [M]. 北京：中国海关出版社，2016.

[10] 阿里巴巴（中国）网络技术有限公司. 从0开始：跨境电商实训教程

[M]. 北京：电子工业出版社，2016.

[11] 孙韬. 跨境电商与国际物流——机遇、模式及运作 [M]. 北京：电子工业出版社，2017.

[12] 易传识网络科技主编，丁晖等编著. 跨境电商多平台运营：实战基础 [M]. 北京：电子工业出版社，2017.

[13] 跨境电商在中国未来会有怎样的发展？ [EB/OL].https://zhidao.baidu.com/question/1884590720776593028.html，2020-04-30.

[14] 我国新设 46 个跨境电商综合试验区 跨境电商加速打造外贸新格局 [EB/OL]. 中国青年网 .https://baijiahao.baidu.com/s?id=1663833254621775099&wfr=spider&for=pc，2020-04-13.

[15] 小白必看：跨境新卖家什么都不懂，怎么选平台？如何开始跨境电商第一步？ [EB/OL].www.cifnews.com，2019-09-09.

[16] 如何正确选择跨境电商平台 [EB/OL]. https://www.sohu.com/a/434278945_120942387，2020-11-25.

[17] 做跨境电商如何选择跨境电商平台 [EB/OL].https://baijiahao.baidu.com/s?id=1656024014045776544&wfr=spider&for=pc，2020-01-18.

[18] 易传识网络科技. 跨境电商多平台运营：实战基础 (第 2 版)[M]. 北京：电子工业出版社，2017.

[19] 李洁，崔怡文，王涛. 跨境电商：速卖通运营与管理 [M]. 北京：人民邮电出版社，2019.

[20] 跨境电商营销推广方式 [EB/OL]. https://www.cifnews.com/article/80611，2020-10-22.

[21] 6 个部分，详解电商订单管理流程 [EB/OL].http://www.woshipm.com/pd/3001520.html，2019-10-22.

[22] 跨境电商应该如何高效处理订单 [EB/OL].https://tieba.baidu.com/

p/5521600212?red_tag=1798559637，2018-01-19.

[23] 跨境电商订单物流处理技巧 [EB/OL].https://wenku.baidu.com/view/9279402d74c66137ee06eff9aef8941ea76e4bfd.html，2020-02-12.

[24] 跨境电商卖家如何有效清理积压库存？[EB/OL].https://www.bilibili.com/read/cv8787545/，2020-12-12.

[25] 浅谈用户画像在电商领域的现状和发展 [EB/OL].http://www.woshipm.com/user-research/673939.html，2017-05-27.

[26] 新手如何运营阿里巴巴国际站 [EB/OL].https://jingyan.baidu.com/artic-le/8ebacdf0f3ca8f09f75cd51a.html，2019-11-01.

[27] "粗糙"的玻璃生产企业转型成 B2B 平台新宠，月销售额提升 100 倍！[EB/OL]. 阿里巴巴国际站北方大区 .https://supplier.alibaba.com/story/story/PX9D5FY2.htm?spm=a27am.12865426.RList.1.54754fe0BqKmKu&joinSource=gw_360_06112，2021-06-30.

[28] 董振国，贾卓 . 跨境电商多平台运营，你会做吗？[M]. 北京：中国海关出版社，2018.

[29] 速卖通卖家案例：做好精细化运营，冷门类目也有春天！[EB/OL].https://www.cifnews.com/article/44622，2019-05-23.

[30] 付帅帅 . 基于系统动力学的京东全球购发展历程分析 [J]. 上海商学院学报，2017（6）：26-31.

[31] 果晶晶 . 京东全球购业务营销策略研究 [D]. 长春：吉林大学，2018.

[32] 京东全球购真的来了：自营与平台模式并行 [EB/OL].HiShop. https://www.hishop.com.cn/ecschool/jd/show_20071.html，2015-07-01.

[33] 京东商城搜索排名规则及优化方向浅析 [EB/OL].HiShop. https://www.hishop.com.cn/ecschool/jd/show_12735.html，2015-06-12.

[34] 分析：京东全球购和京东自营的区别和优势 [EB/OL].http://

www.100ec.cn/detail--6447857.html，2018-05-04.

[35] 网易考拉泰国乳胶枕日销百万 央视见证产地直采 [EB/OL]. 网易 .https://www.163.com/news/article/B5334UAV00014N4Q.html，2015-10-04.

[36] 李欣悦 . 考拉海购购物网站的发展现状及分析 [J]. 卫星电视与宽带多媒体，2020（01）：101-103.

[37] 李祎，吕红 . 网易考拉海购经营模式研究 [J]. 农村经济与科技，2018（22）：142-143.

[38] 桂嘉越，李晓峰 .B2C 模式下我国跨境进口电商成功经验探析——以网易考拉海购为例 [J]. 湖北工程学院学报，2018（1）：86-91.

[39] 李婉莹，曾芝玲，周子明，林晓慧 . 天猫国际与考拉海购对比分析 [J]. 2021（2）：89-91+144.

[40] 胡国敏 . 跨境电商网络营销实务 [M]. 北京：中国海关出版社，2018.

[41] 纵雨果 . 亚马逊跨境电商运营从入门到精通 [M]. 北京：电子工业出版社，2018.

[42] Joom 怎么去运营？[EB/OL]. https://www.cifnews.com/article/99429，2021-06-25.

[43] Joom 卖家如何设置仓库，添加产品至 Joom Express？[EB/OL]. https://www.cifnews.com/article/36501，2018-07-16.

[44] Joom 平台如何上传产品，怎样避免产品审核被拒？[EB/OL]. https://www.cifnews.com/article/34715，2018-04-24.

[45] Wish 电商学院 . Wish 官方运营手册：开启移动跨境电商之路 [M]. 北京：电子工业出版社，2017.

[46] Wish 产品爆款打造过程 [EB/OL]. https://www.cifnews.com/article/

24757，2017-03-08.

[47] Wish 新手开店　Wish 商户如何发布/上传产品？[EB/OL]. https://www.cifnews.com/article/25519，2017-04-25.

[48] eBay 的企业入驻通道使用指南（一）：eBay 企业入驻申请资格 [EB/OL]. https://www.cifnews.com/article/47466，2019-07-27.

[49] 视频认证怎么弄？eBay 视频认证申请指南 [EB/OL]. https://www.cifnews.com/article/47435 eBayeBay，2019-07-27.

[50] 卖家开店费用都有哪些？[EB/OL]. https://www.cifnews.com/article/22990，2016-11-08.

[51] eBay 出售形式有哪些？eBay 拍卖/一口价规则解析 [EB/OL]. https://www.cifnews.com/article/31600，2017-12-25.

[52] 关继超. 跨境电商 [M]. 广州：广东人民出版社，2016.

[53] 李文渊. Lazada 官方跨境电商运营全书 [M]. 北京：电子工业出版社，2021.

[54] 徐鹏飞，王金歌. Shopee 跨境电商运营实战 [M]. 北京：电子工业出版社，2020.